챗GPT
기회를 잡는사람들

챗GPT
기회를 잡는 사람들

초판 1쇄 발행 2023년 3월 8일
초판 6쇄 발행 2023년 5월 15일

지은이 장민

펴낸이 손은주 편집 이선화 김지수 마케팅 권순민
경영자문 권미숙 디자인 Erin 교정교열 신희정

주소 서울시 마포구 희우정로 82 1F
문의전화 02-394-1027(편집) 주문전화 070-8835-1021(마케팅)
팩스 02-394-1023
이메일 bookaltus@hanmail.net

발행처 (주) 도서출판 알투스
출판신고 2011년 10월 19일 제25100-2011-300호

ⓒ 장민 2023
ISBN 979-11-86116-39-5 03320

챗GPT
기회를 잡는 사람들

장민 지음

알투스

챗GPT
누구에게는 '기회'가 되고
누구에게는 '놓친 기회'가 된다

앞으로 어떤 일이 벌어질지 기대하며
적극적으로 챗GPT 혁명에 참여한다면
일도, 일상도, 미래도 바꿀 수 있다.

"이제 진짜 왔구나!" 챗GPT를 보자마자 든 생각이었다. 포스텍 컴퓨터공학과를 졸업하고, 1993년 3월에 동대학원 신경회로망Neural Network 연구실에 입학했으니 딱 30년 되었다. 지난 30년간 인터넷 혁명과 정보혁명 등을 거치면서도 인공지능 분야에 대해서만은 산업 트렌드와 핵심 기술들을 놓지 않으며 따라가고 있었다. 기계학습으로 박사학위를 받은 후에도 IT업계에 계속 있었고, 몸담았던 더존그룹의 빅데이터와 클라우드 그리고 한컴그룹의 빅데이터·인공지능을 담당하고 있었을 때도 인간과 같은 인공지능의 연구와 응용 서비스 개발에 많은 시간과 노력을 쏟았지만, 그때마다 기술적 한계에 자주 부딪혔었다. 그리고 30년이 지난 지금 내가 그토록 매달리고 잡고 싶었던 그가 온 것이다. '챗GPT'라는 이름으로 드디어 그가 온 것이다.

알려졌듯이 '인공 지능AI, artificial intelligence'이라는 말은 1956년 Dartmouth College에서 열린 회의에서 처음 만들어졌고, 당시 연구자들은 인간처럼 생각하고 추론할 수 있는 기계를 만들 수 있다고 생각했다. 그 후, 지난 70여년 동안 AI 분야는 여러 단계의 발전을 해 왔다. 초창기에 AI는 사전 정의된 규칙 집합을 따라 의사 결정을 내리는 규칙 기반 시스템과 전문가 시스템에 주로 초점이 맞춰져 있었다. 컴퓨터의 성능이 더욱 강력해짐에 따라 연구자들은 컴퓨터를 활용하여 기계학습 및 신경망과 같은 다른 기술을 탐구하기 시작했다. 초기에는 단순한 알고리즘인 퍼셉트론부터 시작해서 점점 더욱 강력하고 복잡한 학습 알고리즘을 설계하고 시험하게 되었고, 점점 많은 응용분야에 인공지능을 적용하여 인간의 역할을 대신하게 되었다.

그런 과정 중에서 AI의 가장 중요한 혁신 중 하나인 '딥러닝 알고리즘'이 개발되었다. 딥러닝은 여러 계층의 신경망을 사용하는 일종의 기계학습 알고리즘인데, 기존보다 훨씬 더 복잡하고 대량의 패턴이미지, 음성 등을 빠르게 학습하며 훨씬 좋은 예측 성능을 가지게 되었다. 이후 딥러닝은 언어 처리, 사물 인식, 자율 주행 등 많은 응용 서비스의 상용화와 발전을 주도하였고 오늘의 생성AI모델인 챗GPT와 같은 형태로 발전하게 된 것이다.

챗GPT는 소통 인터페이스Communication Interface의 혁명이기도 하다. 컴퓨터와의 소통이 이제 편안하고 쉽게 이루어지는 시대가 온 것이다. 유발 하라리는 '사피엔스'라는 책에서 호모 사피엔스가 세상을 정복한 성공비결은 인간의 언어혁명이라고 설명한다. 컴퓨터공학과 기계학습의 전공자로서 인간-컴퓨터의 상호작용HCI, Human Computer Interaction에 대한 끝은 기계가 인간의 말을 알아들을 때라고 생각하고 있었다. 지금 운영하고 있는 뉴럴웍스랩㈜의 '노코딩 서비스'도 결국 인간과 컴퓨터의 소통을 위한 도구이다. 컴퓨터라는 기계가 만들어질 때부터 인간은 기계와의 쉽고 편한 소통을 위한 도구들을 설계해 왔다. 키보드, 마우스, 프로그래밍, 언어 등 모든 것들의 존재 이유는 소통이다. 인간의 '말귀'를 제대로 잘 알아듣는 인공지능이 이제 나온 것이다.

오늘날 AI는 가장 빠르게 성장하는 IT분야로 정말 다양한 응용서비스에 녹여져서 사용되고 있다. 의료에서 금융, 엔터테인먼트에 이르기까지, 그것은 계속해서 놀라운 속도로 진화하고 변화하는 분야이며 앞으로 우리 삶에 가장 심오한 영향을 미칠 가능성이 있는 기술 분야이다. 프로세서나 메모리와 같은 반도체가 더욱 강력해지고 AI 기술이 더욱 정교해짐에 따라 AI로 달성할 수 있는 응용서비스는 사실상 무한할 것이다. 인간이 하고 있고 할 수 있는 전 분야가 대상이 될 것이다. 이러한 변화에는 반드시 두려움도 따른다. 2016년 알파고가 바둑에서 이세돌을 이겼을 때 우리가 받은 충격은 잊혀 간다. 이젠 당연한 일이라고 생각한다. 하지만, 이번 챗GPT의 충격은 훨씬 더 강력하다. 이제 인간과 기계의 공존 시대가 오고 있다는 사실을 인정하고 거부하지 말기를 바란다. 돌이킬 수 없고 비가역적이다. 오히려 신나고 재미있는 시간이 될 것이며 앞으로 어떤 일이 벌어질지 기대하며 적극적으로 챗GPT 혁명에 참여하길 바란다.

나의 30년 연구인생을 바쳐 쫓아온 '그'에 대한 명쾌한 설명을 독자 여러분께 바치며, 부디 독자님께서 인생을 바꿀 위대한 기회가 도래하였음을 인지하시고, 새로운 세상의 문을 가장 먼저 열기를 바란다.

2023년 3월 2일 장민, 포스텍 공학 2동에서 ✎

프롤로그 06
앞으로 어떤 일이 벌어질지 기대하며
적극적으로 챗GPT 혁명에 참여한다면
일도, 일상도, 미래도 바꿀 수 있다.

나를 위한 '지식과 정보의 신神'이 등장했다.
1장. 챗GPT란 무엇인가

챗GPT, 왜 이렇게 쇼크인가 15
기존의 AI모델과는 어떻게 다른가 25
챗GPT의 작동 방식 37
다가올 더 큰 쇼크, GPT4 45
챗GPT를 이끄는 사람들 55

누군가에겐 '기회', 누군가에겐 '놓친 기회'
2장. 생성AI는 산업을 어떻게 바꿀까

생성AI(Generative AI)란 무엇인가 63
아이폰 혁명처럼 AI생태계가 태동할까 73
생성AI는 어떤 비즈니스 모델을 가질 수 있나 81
영역별 챗GPT의 비즈니스 모델들 93

빈부격차 보다 더 무서운 '챗GPT 격차'
3장. 챗GPT가 바꿀 부의 지도

챗GPT는 어떤 직업군을 어떻게 바꿀까 113
챗GPT 시대에 새로 등장하거나 유망해질 직업군 125
챗GPT시대 어떤 기업이 뜰까 137

에필로그 266
앞으로 인간은 인공지능과
더 많은 영역에서 공존하는 삶을 살게 될 것이다.

구글, 애플, 아마존이 몸부림치는 이유
4장. 빅테크 간 AI경쟁

구글, 마이크로소프트, 메타 등 빅테크들의 AI경쟁력 153
오픈AI는 왜 마이크로소프트의 품으로 159
구글은 대화형 AI를 출시할 수 있을까 165
애플과 아마존의 전략은 무엇인가 171
국내 기업들은 AI시대에 무엇을 하고 있나 181

일도 명예도 챗GPT를 아는 만큼 보인다
5장. 챗GPT 제대로 활용하기

삶을 업그레이드하는 챗GPT 활용팁 187
챗GPT와의 대화와 바뀌는 일상 201
유용한 챗GPT 확장 프로그램 207

AI시대 함께 사는 세상을 만드는 노력
6장. 저작권과 윤리적 문제

인공지능에 관한 법과 규제 현황 221
챗GPT의 그림과 글, 음악 등에 대한 저작권 229
챗GPT의 윤리적 이슈들 235

가장 좋은 답을 유도하는 최적의 질문
부록〉챗GPT 프롬프트의 작성 가이드 245

나를 위한
'지식과 정보의 신^神'이
등장했다

—

1장. 챗GPT란 무엇인가

챗GPT, 왜 이렇게 쇼크인가

챗GPT는 '오픈AI'라는 회사가 만든 '대화형 인공지능 서비스'이다. 2022년 11월에 출시되자마자 5일 만에 가입자가 100만 명이 되었고, 40일 만에 1,000만 명을 돌파하며 무시무시한 속도로 이용자가 몰려들고 있다. 우리가 널리 쓰는 유튜브가 100만 명 사용자를 모으는 데 8개월이 걸렸는데, 챗GPT가 5일 만에 이런 폭발적인 관심을 모은 데는 그만한 이유가 있다.

그냥 프로그램에 접속하고 쉽게 가입해서 질문을 하면 방대한 데이터를 토대로 AI가 바로 대답을 해주는 것이다. 구글이나 네이버를 사용해 본 경험과 비교한다면, 링크를 일일이 클릭할 필요없이 대화창에서 전문적인 내용까지 바로 최적의 답을 받아볼 수 있는 장점이 있다. 정보를 찾아 정리하는 시간을 엄청나게 절약해준다. 물론 문제점이 있기도

하다. 답의 정확도가 떨어지는 부분도 있고 거짓말도 그럴싸하게 조합해서 답변한다. 한국어로 물었을 때는 영어로 물었을 때보다 답변이 빈약하다. 그럼에도 불구하고 놀라운 속도로 무섭게 발전하는 챗GPT의 특성상 사용자가 원하는 답을 보완하는 데 그리 길지 않은 시간이 걸릴 것임이 분명하다. 심지어 챗GPT는 잘못된 질문에 대해 이의를 제기하기도 하고 부정한 질문에는 답을 거부하는 능력까지 갖추었고 심지어 자신이 답할 능력이 안 되는 부분도 솔직히 인정한다. 틀렸다고 가르쳐주면 사과를 하고 다음에 수정을 하기도 한다.

그런데 챗GPT가 왜 이렇게 쇼크인가? 한마디로 말하면 인간이 챗GPT로부터 위협받고 있다 느끼기 때문이다. 우리는 이미 알파고 때 인공지능으로부터의 위협협박?을 한차례 받은 경험이 있다. 알파고가 이세돌을 이겼을 때 모든 사람들이 엄청난 충격에 휩싸였던 것을 기억하고 있다. 그 이전에 바둑은 특별한 영역이었지만 침범당했고, 현재 인간은 인공지능에게 바둑 분야에서 이길 수 없다. 심지어 이젠 더 이상 도전도 하지 않는다. 현재 챗GPT가 다시 위협하고 있다. 바둑이라는 특정한 분야가 아닌 전 영역에서 침공하고 있다. 알파고는 말은 못 했는데 이번에는 인간처럼 말도 잘한다. 인간만이 할 수 있는 영역을 침범당했을 때 충격과 함께 지금은 이성을 차리고 그 실체를 파악하려하고 단점과 장점을 분석하여 또 다른 공격에 대비하고자 하는 것이다. 그렇다면 우리는 어떤 구체적인 충격을 받은 것인가? 3가지로 요약할 수 있다.

첫째, 언어이다.

언어는 오직 인간만이 사용할 수 있는 고차원적인 표현의 수단이다. 물론 몇몇 동물들은 그들만의 언어로 소통한다고 하지만, 지금까지 인간만이 할 수 있다고 믿어왔고, 또 절대로 깨질 수 없는 명제였다. 유발 하라리의 『사피엔스』에도 호모사피엔스의 성공비결과 세상을 정복한 수단은 다른 무엇보다도 우리에게만 있는 고유한 언어 능력이라고 이야기했듯이, 언어는 인지혁명의 핵심적인 수단이다.

챗GPT의 언어적 능력을 보면 인간과 똑같다. 기존에 챗봇서비스를 경험해 본 사람은 많이 느끼지만, 그 한계성과 부자연성에 환멸을 느끼고 잠시 써보다가 그만두는 경우가 많았다. 또는 일부 제한된 도메인에서만 사용하는 경우가 많은 이유가 일반적인 이야기나 심지어는 감정의 소통에 있어서 부자연스럽기 때문이다.

챗GPT를 처음 써본 사람들은 그 자연스러운 소통 능력에 매우 놀라워한다. 심지어는 자기보다 뛰어난 언어능력과 지적능력을 가지고 있다는 사실에 자책감을 느끼는 사람도 있다. 인간의 자존감에 상처를 입었다고 할 수 있겠다.

HCI^{Human Computer Interface}라는 학문 분야가 있다. 컴퓨터와 소통하기 위해서 역사적으로 인간은 다양한 기기와 수단_{즉, 소통의 언어 대신 소통에 쓸수 있는 도구}을 만들어서 사용했다. 초기 컴퓨터의 CLI^{Command Line Interface}, 마우스와 같은 디바이스를 활용하는 GUI^{Graphic User Interface}, 그리고 자연스러운 인터페이스인 NUI^{Natural User Interface} 등과 초기 컴퓨터부터 개발되어 활용하는 다양한 프로그래밍 언어_{C, JAVA, Python 등}들이다. 이런 인터페이스는 일반인들이 배우기도, 적용하기도 힘들었고 특정한 영역에서 컴퓨터와 소통하는 사람들만의 도구로 사용되었다. 그러나 이제 챗GPT를 통해서 누구나 쓰고 있는 바로 그 언어가 컴퓨터와의 소통 도구가 된 것이다.

둘째, 창의성이다.

창의는 창조와는 약간 다르다. 창조의 능력은 신이 인간을 창조하였듯이 세상에 없는 것을 만들어 내는 능력 또는 그 결과물과 함께 언급되는 것이다. 창의성은 창조를 하는 과정에서 필요한 여러 가지 활동을 포함하며, 특히 교육적인 영역에서 창의성을 강조한다. 챗GPT의 프로세스는 창의적이다. 어떤 목표를 세우고 그 목표를 달성해 가는 다양한 생각과 활동들이 기존에 나온 AI모델들과는 달리 창의적인간의 방식이라는 것이다. 더 두려운 것은 이러한 창의적인 활동과 경험이 쌓이고 있고, 나중에 그 결과물이 정말 세상에 없었던 창조적인 것이라면 어떻게 되겠는가? 이것이 두려운 것이다. 현재 챗GPT가 가지고 있는 능력, 예를 들면 챗GPT라는 서비스를 가능하게 한 인공지능 모델에 사용된 파라미터의 수 등이 한계가 없이 증가할 수 있다면, 그 창의적인 과정이 세상에 전혀 없었던 새로운 것을 만들어 내지 못한다고 장담할 수 없을 것이다.

이미 챗GPT는 인간처럼 모방을 통한 창조를 하고 있다고 할 수 있다. 시를 쓰고, 기사를 쓰고, 코딩을 하는 과정이 인간의 창의적 학습 과정과 똑같다. 인간도 교육을 받고, 새로운 것을 만들어 내는 과정에서 다양한 활동을 하고 또 피드백을 받고 성장한다. 지적 능력이 쌓이고, 세상에 없는 것을 만들어 내는 목표를 받는다면 충분히 수행할 때가 올 것이다. 그래서 인간은 두려운 것이다. 이런 때를 우리는 싱귤레러티 singularity라고 불러왔고, 이런 때가 2045년레이 커즈와일 예측 정도쯤에 올 것이 라는 예상을 했었고 점점 이 시기가 가까워진다는최근에는 2029년 예상을 하였으나 이렇게 빨리 온 것이 충격인 것이다.

셋째, 확장성영역과 속도**이다.**
확장성을 고려하는 몇 가지로 나눠볼 수 있다.

① 글로벌 사용자 수이다.

2개월 만2월 초에 사용자 1억 명을 돌파한 챗GPT는 더 빠르게 사용자 수가 늘어나고 있다. 인간의 대화에서 챗GPT가 빠지지 않는다. 남녀노소를 떠나서 챗GPT를 모르면 대화가 안 될 정도인데, 모두 집으로 돌아가서는 챗GPT에 가입하고 챗GPT와의 대화에 푹 빠지게 된다는 것이다. 이러다가 인간 대 인간이 대화하는 비율이 떨어지고 챗GPT와 대화하는 사람이 더 폭발적으로 늘어나는 세상이 올 것이다. 이쯤에서 우리가 본 많은 영화의 장면들이 생각날 것이다.

주인공이 자신의 말에 귀를 기울이며 이해해주는 인공지능 운영체제 사만다에게 사랑의 감정을 느끼는 스파이크 존즈 감독의 영화 〈그녀 Her〉2013년, 인간이 되고 싶어 하는 감정을 가진 에이아이 데이빗이 주인공인 스티븐 스필버그 감독의 영화 〈에이 아이A.I 〉2001년, 토니 스타크의 인공지능 비서 자비스가 등장하는 영화 아이언맨 시리즈 등이 있다

게다가 글로벌이라는 것이다. 미국뿐 아니라 전 세계 사용자들이 각자 그들의 언어로 챗GPT를 사용하고 있다는 것은 그만큼 파워풀한 서비스라는 것이다. 사용자들이 많으면 더 쉽고 빠르게 서비스와 시스템을 보완할 수 있는데, 바로 서비스의 선점효과, 즉 1등만이 살아남는 논리다. 우리는 이런 일을 스마트폰 업계에서 충분히 경험했었다.

② 학습능력파라미터/데이터/프로세스 증가속도이다.

GPT1부터 시작해서 현재 GPT3.5까지 학습 능력은 엄청나게 빠른 속도로 발전해 왔다. 예를 들어, GPT3는 파라미터매개변수의 수가 오른쪽 그림처럼 엄청나게 증가했고, GPT4에서는 100조 개의 파라미터가 될 것이라 예상한다. 아이러니하게도 인간의 뉴런뇌세포 수는 1,000억 개 정도인데, 시냅스의 숫자가 100조 개 정도로 알려져 있고, 앞으로 나올 GPT4의 파라미터 개수가 100조 개 정도이면, 인간 뇌의 시냅스 숫자와 일치하게 된다. 물론 정량적으로 인간의 시냅스는 화학적 반응으로 움직이는 아날로그적인 성격이라 개수만으로 비교하기는 힘들지만, 파라미터라는 것이 인공지능의 역량을 정량화하는 지표라고 한다면 인간의 시냅스 수와 거의 일치한다는 것은 의미가 있다고 생각한다. 더 충격적인 것은 인간의 시냅스 수는 한계가 있지만 앞으로 나오게 될 GPT5, GPT6 등의 확장성을 생각한다면 그 능력은 무시하지 못할 것 같다.

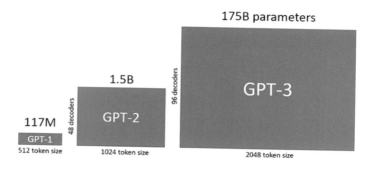

GPT1, GPT2 and GPT3의 진화 (Yan Xu・아마존)

또한 아직도 학습해야 할 데이터가 많고, 매일매일 쌓이는 데이터가 폭발적으로 증가하고 있다는 것이다. 2021년까지의 데이터만 학습한 챗GPT가 최근 데이터까지 학습하게 된다면 더욱 확장될 능력은 충격일 것이다. 반도체 등의 저장 능력과 연산속도, 프로세스 속도가 더욱 빨라지고, 통신 네트워크의 대역폭과 속도가 더욱 늘어나게 되면 챗GPT의 학습능력은 더욱 확장되고 가속화될 것이다.

③ 다양한 적용분야로의 확장과 5차 산업혁명의 도래이다.

경제의 3주체인 개인, 기업들 그리고 정부의 차원에서 적용분야를 생각해 보면 한마디로 무궁무진하다. 사회 전분야로 확장이 가능한 이유는 컴퓨터와의 소통에서 가장 어려운 점인 인터페이스의 문제가 언어를 통해서 해결되었다는 것이다.

개인은 이제 궁금하고 대화를 통해 필요한 것들을 요청하고 즉시 답을 얻을 수 있다. 특히 개인의 삶에는 비서역할로서 자리 잡을 것이다.

다양한 개인의 활동 영역인 쇼핑, 문화, 레저, 여행 등 삶의 다양한 분야에 적용되어 개인들의 삶을 윤택하게 도와줄 것이다.

기업 입장에서는 오히려 더 파급력이 클 것이다. 매출과 이익증대를 목적으로 하는 기업들은 챗GPT를 활용하여 다양한 기업 활동제조, 생산, 영업, 마케팅, 회계, 관리, 운영 등을 보다 지능화할 것이다. 거의 전 산업분야자동차, 제조, 반도체, 유통, 물류, 의료 서비스, 금융 등에 빠르게 적용될 것이다.

정부는 공공서비스를 통해 국민 삶의 질을 향상하고 기업의 생산 활동이 증대되도록 행정·입법·사법 등의 모든 영역에서 활용할 것으로 예상한다. 물론 기업과 공공영역은 특별히 기업 보안과 국가 보안이라는 이슈가 중요하기 때문에, 적용의 시기와 범위에는 분명히 한계가 있을 것이지만, 기업데이터나 공공데이터가 활용될 수 있는 범위 내에서는 충분히 활용될 것으로 예상한다. 적용의 기술은 반드시 챗GPT가 아니더라도 현재 국내에서 개발되고 있는 기업들의 서비스를 활용하게 될 것이다. 고용시장의 변화에 따른 새로운 직업이 생겨날 것이며, 새로운 산업도 만들어질 것이다. 이에 따른 다양한 사회 윤리나 법적 이슈들도 나오게 될 것으로 예상되며, 정부 차원에서 해결해야 할 일도 상당히 많아질 것으로 예상된다.

또한, 아직 4차 산업혁명이 끝나지 않았지만, 5차 산업혁명의 시기를 앞당기는 데에 큰 역할을 할 것이다. DNAData Network AI라는 키워드로 4차 산업혁명을 주도하고 있는 정부과 기업에서는 챗GPT와 같은 서비스를 통해 새로운 산업혁명으로의 문을 열게 될 수 있다.

기존의 AI모델과는
어떻게 다른가

기존의 AI모델

일반 독자께서 읽으시기에 어려운 기술적 내용일 수 있지만, 이제는 이런 내용도 어느 정도는 알아야 하는 시대가 왔다고 생각한다. 컴퓨터가 인간처럼 자연스럽게 언어를 구사하게 하는 능력을 만들기 위한 노력은 오래전부터 있었다. 특히, 영화나 공상과학 소설에서 시작하여 인조인간에 대한 꿈은 컴퓨터가 나오기 전부터 인간의 가장 오래된 꿈이었다. 언어능력은 정말 인간만이 가지는 특별한 것이기에, 기계가 언어를 이해하는 능력을 주기 위한 연구 또한 컴퓨팅 성능의 발전과 빅데이터의 축적 이후에 정말 비약적으로 발전해 왔다. 딥러닝이라는 학습 알고리즘이 등장하면서 더욱 다양한 언어 학습 및 생성 모델이 대학과 글로벌 대기업을 중심으로 나오고 검증되었다. GPT도 그러한 연구 중의 하나의 모델이었고, 2018년부터 많은 검증과 발전을 통해서 현재 챗 GPT로 서비스하는 것이다.

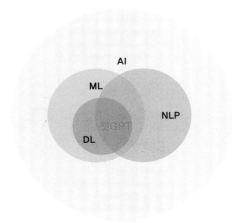

인공지능 활용의 기술적 영역

AI: Artificial Intelligence
ML: Machine Learning
NLP: Natural language processing
DL: Deep Learning

　인공지능이라는 큰 영역 안에 기계학습머신러닝, ML이 있고, 기계학습 안에 딥러닝DL 기술이 있다. NLP자연어처리라는 영역은 통계적인 방법부터 다양한 연구와 도전이 있었고, 그중에서 최근 딥러닝 기술로 자연어처리기술을 뽑아낸 기술이 바로 챗GPT인 것이다.

　언어를 위한 AI모델은 지난 수십 년간 다양한 연구 개발 및 서비스가 일어나고 있고, 이런 학문을 자연언어처리Natural Language Processing 분야라고 하며, 지금도 지속적으로 연구와 진화, 개발이 일어나고 있다. NLP 영역은 NLUNatural Language Understanding와 NLGNatural Language Generation로 구분되는데, 오른쪽 그림에서 설명하듯이 매우 섬세한 영역으로 구분된다.

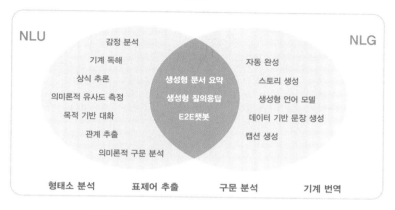

자연언어처리 분야 (woongsin94.tistory.com 참조)

위 그림에서 보듯이 생성형 언어 모델Generative Language Model이 바로 챗
GPT의 기술이라고 할 수 있다. 이 모델 중에 구글이 만들어 2018년 출시
한 'BERT이하 버트, Bidirectional Encoder Representations from Transformers'가 대표적인
생성형 딥러닝 언어 모델이다. 자연어텍스트를 기계가 이해할 수 있는 고
차원의 벡터로 바꿔주는 것이 버트의 역할이다. 버트는 자연언어 처리
를 학습이라는 과정 없이 양방향으로 사전 학습하는 첫 시스템이고, 이
것은 웹Web 상에서 막대한 양의 보통 텍스트 데이터를 여러 언어로 이
용할 수 있기 때문에 매우 중요하고 혁신적인 언어 모델이며, 이때부터
Pre-Trained사전학습라는 용어도 쓰이게 되었다. GPT와 버트는 기존에
나와 있었던 모델들과 비교하면 성능 향상이 크게 있었기 때문에, 이후
에 모든 언어모델에서 다양한 활용을 하게 되었다. 또한, GPT는 생성이
라는 능력에서 버트와 비교하여 더 좋은 성능을 내고 있으며, 이를 활

용한 오픈AI가 현재의 모습으로 진화 발전한 것이다.

챗GPT의 모델 간 비교

챗GPT는 GPT3 모델을 기본으로 하고 있다. GPT 연구는 2018년 GPT1의 출시를 시작으로 하여 학습데이터의 크기, 매개변수와 시스템 변수Attention layer, 워드 임베딩의 비약적인 확대로 현재의 GPT3가 되었고, GPT4로 출시계획이 있다.

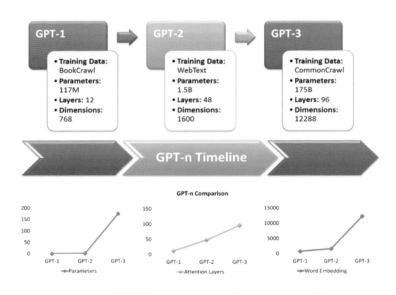

GPT-n의 발전 (businessolution.org/ GPT3-statistics/)

모델	출시 연도	학습데이터	학습 파라미터 수	어텐션 층수	워드 임베딩*
GPT1	2018	7000권 (약 5GByte)	1.17억	12층	768
GPT2	2018	+8백만 문서 (약 40Gbyte)	15억	48층	1600
GPT3	2020	+인터넷 자료 추가 (약 45Tbyte)	1750억	96층	12288

GPT모델 간의 비교

인터넷 혁명, 모바일 혁명 그 다음은 챗GPT

바야흐로 혁명의 시대이다. 현재 우리는 제4차 산업혁명의 시대에 살고 있다. 4차 산업혁명은 인터넷과 스마트폰모바일 인프라를 이용한 빅데이터와 AI기술을 융합한 혁명이다. 이 중에 지능화된 영역에서 아직까지 해결하지 못한 부분을 챗GPT가 해결했다고 볼 수 있다. 실제 챗GPT 혁명이라고 말할 수 있을 정도로 사회 전반에 파급효과가 크다.

기존에 지능화된 모습을 보면 빅데이터를 통해서 지능화가 이루어지기는 했는데 모두 각각의 도메인에서만 이루어졌다. 그리고 그 영역들은 접근하는 데 한계와 어려움이 있었다. 챗GPT는 파편화되고 지능화된 도메인을 언어로 묶었다. 이것이 혁명적인 요소라고 할 수 있다.

---

*워드 임베딩: 단어를 N차원의 벡터로 만들어주는 작업
*어텐션: 인간처럼 집중할 수 있는 능력을 신경망적인 기법으로 만든 방법이며, 문맥에서 중요한 단어에 더 많은 중점을 두게 하는 방법

1장. 챗GPT란 무엇인가

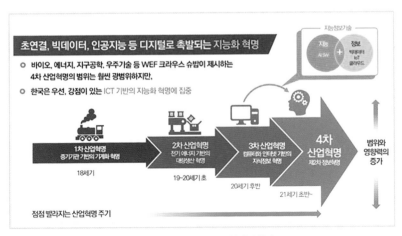

4차 산업혁명 (4차 산업혁명위원회)

2023년 챗GPT를 통하여 사회 문화 경제 등 전 분야에서 혁명이 일어 날 것으로 예상된다. 비단 오픈AI의 챗GPT가 아닌 국내 기업들이 만든 언어AI모델을 통해서라도 일어날 것으로 예상된다.

디지털전환DT, Digital Transformation이라는 말은 업계의 화두이다. 아날로 그 시대를 깨고 디지털로 혁신하자는 의미로 정부와 기업 모두 시간과 비용을 들여서 강력하게 추진하고 있으며, 최근에는 인공지능 전환AT, AI Transformation까지 변화 발전하여 디지털 중에서도 AI를 통한 기업과 정부 의 혁신 및 변화를 강조하고 있다.

이미 자치단체와 사회교육센터에서도 국민데이터과학자PDS, People Data Scientist라는 키워드로 ATAI Transformation와 DTDigital Transformation를 강조하여 인력 양성 교육 프로그램으로 진행하고 있다. 조만간 이러한 교육 프로 그램에도 챗GPT의 기본과 활용교육을 할 예정이라고 한다. 결국은 데이터에서 다양한 정보를 추출하는 데이터 마이닝 기술의 보편화를 실현할 수 있는 기회를 챗GPT가 제공할 것이다.

딥러닝과 머신러닝의 차이는 무엇인가

머신러닝은 인공지능을 만들기 위해 기계, 즉 컴퓨터를 학습시키는 여러 방법에 대한 학문으로 '로봇공학', '제어계측공학'과 같은 하나의 학문이다. 인공지능 중에서도 기계의 학습 방법에 대한 이론과 실전을 다루는 학문인데, 기계가 어떤 지능을 습득하는 전 과정을 다루기 때문에 그 범위가 매우 넓다. 수학과 물리학적인 내용뿐 아니라 인문학, 언어학, 사회학적인 내용까지 영역을 넓혀갈 수 있다. 특별히 필자가 박사학위를 받았던 앙상블 학습 알고리즘과 같은 내용은 사회학적인 학습이론을 모델링해서 머신러닝의 알고리즘을 만들기도 한다.

딥러닝은 머신러닝의 하위 개념으로, 신경회로망Neural Network 구조Architecture를 활용해서 만든 머신러닝의 한 종류이다. 신경회로망이라는 것은 기본적으로 노드와 네트워크로 구성되어 있는데, 결국 인간의 뉴런뇌세포의 단위을 컴퓨터로 모델링한 것이다. 이러한 복수의 뉴런들을 2차원 배열매트릭스로 만들어 놓은 것을 층Layer이라고 하며, 여러 개의 층을 연결시켜 놓은 것을 인공 뉴럴 네트워크Artificial Neural Network라고 한다. 이러한 층을 실제로 더 많이 쌓아 올려서 만든 것이 깊은 신경망Deep Neural Network이라고 하며, 이것을 학습하기 위한 알고리즘을 심층 학습Deep Learning이라고 한다.

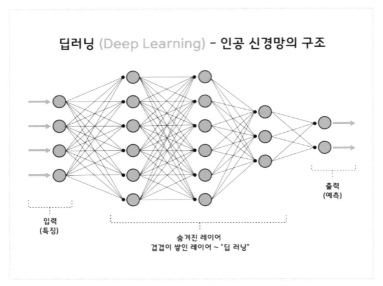

딥러닝 인공신경망의 구조 (출처: Freshdesk)

기존의 머신러닝에서도 신경망을 이용한 기법들이 상당히 많이 있었다. 딥러닝이 나오기 전에 가장 큰 어려움은 바로 데이터 수의 부족과 데이터의 특징 추출에 대한 이슈였다. 즉, 데이터의 숫자가 너무 적을 경우에는 과적합Over-fitting의 문제에 봉착했었고, 너무 많은 데이터가 나오기 시작하자 이 데이터들을 다루는, 즉 특징을 추출하고 정제Preprocessing하는 문제들이 너무 큰 이슈가 되었다.

딥러닝 알고리즘은 바로 이 문제를 해결해주는 알고리즘이다. 아래와 같은 방법으로 머신러닝기존의 신경회로망과 딥러닝을 쉽게 구별할 수 있다. 즉, 특징 추출의 시간과 비용을 획기적으로 낮추어서 성능을 향상한 신경회로망 학습 알고리즘이라고 할 수 있다.

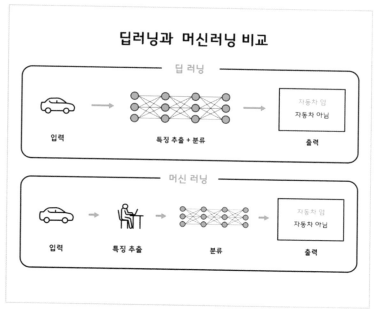

딥러닝과 머신러닝의 쉬운 비교 (출처: Freshdesk)

　　딥러닝 알고리즘이 나온 후에 기계학습 분야는 비약적인 발전이 있었다. 때마침 스마트폰의 보급과 다양한 IoT 기기들의 등장 그리고 통신 인프라4G의 확장은 바야흐로 빅데이터의 시대를 이끌었고, 이런 데이터의 폭발적인 증가를 해결해줄 최적의 학습 알고리즘으로 딥러닝 알고리즘이 전 응용분야에서 선택되었다. 이미지인식, 음성인식, 영상인식, 자연언어 처리 분야 등 거의 모든 분야를 막론하고 딥러닝이 현재까지도 가장 좋은 모델로 선택되고 있다. 지금의 챗GPT와 같은 대규모 언어 모델에서도 매우 탁월한 성능을 내고 있다.

초거대 AI와 대형 언어 모델LLM, Large Language Model의 발전

초거대 AI라는 용어는 실제로 기술적인 용어가 아닌 마케팅적인 용어이다. 즉, 개념적으로는 딥러닝 신경회로망의 파라미터 수를 엄청나게 많이 보유하고 있다는 의미이며, 이를 통해서 소위 만든 회사의 경제력과 기술력을 과시하려는 의도이다. 또한, 언어적인 분야뿐 아니라, 비정형 데이터 또는 멀티 모달multi-modal 형태의 다양한 분야를 아우르기 위한 용어로써 초거대 AI라는 말을 쓰기도 한다. 이미지나 영상 그리고 소리와 문자 등의 다양한 분야를 감당하기 위해서는 아무래도 딥러닝의 모델이 거대해져야만 할 것이다.

대규모 언어 모델LLM, Large Language Model이란 말은 좀 더 언어 분야에 집중적으로 쓰이는 초거대 AI라고 할 수 있다. 오픈AI에서도 챗GPT는 LLM으로 소개하고 있다. 언어 모델이라는 것은 인간처럼 소통을 할 수 있는 기계가 가지고 있는 모델이다. 인간도 인간의 언어 모델이 있듯이 컴퓨터가 인간의 언어를 이해하고 사용할 수 있도록 프로그램화한 것이다. 과거에는 컴퓨팅 파워나 메모리의 한계에 부딪혀서 할 수 없었던 영역이 이제는 가능하게 되었고, 챗GPT가 바로 가장 최근에 성공적인 LLM을 대중에게 선보이게 된 것이다.

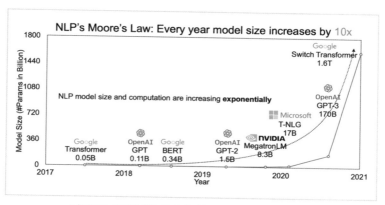

자연언어 처리에서의 무어의 법칙* (출처: MIT HAN Lab)

위 그림에서 보면, LLM에서의 모델의 크기가 기하급수적으로 늘어나고 있다. 이러한 증가는 알고리즘뿐 아니라 하드웨어의 혁신을 통해서 가능하게 된 것이다. 결국 이러한 LLM의 발전은 여러 분야에서 종합적으로 일어난 결과이며, 앞으로도 지속적인 향상과 발전이 일어날 수 있는 가능성이 무한한 분야이다.

---

*매년 LLM 모델의 크기가 10배씩 증가한다.
반도체 집적도의 증가에서처럼 10배의 무어의 법칙이 적용되고 있다.

챗GPT의 작동 방식

'GPT는 자동완성기능인가?'라는 질문이 있다. 언어AI모델들이 어떻게 인간과 같은 소통 능력을 가지게 되었는지 궁금한 사람이 많은 것이다. 기본적인 원리는 보통 스마트폰이나 워드프로세서에서 사용하는 자동완성기능을 생각하면 된다. 쉽게 말하면 지금까지 나온 단어를 바탕으로 다음에 나올 단어를 예측하여 문장을 생성하는 것이다. 'I'라는 단어 다음에 나오는 가장 확률이 높은 단어는 'am'이라고 생각할 것이다. 그리고 뒤에는 'a student'라는 단어가 올 확률이 높다고 생각하며, 물론 'a teacher'라는 단어도 꽤 높을 것이다. 이렇게 생각한다면 이 세상에 있는 모든 문서텍스트를 가지고 만든 확률적 예측모델이 좀 더 이해가 될 것이다.

챗GPT는 확률적 모델을 쓰는 대신에 딥러닝 모델을 사용하고 있고,

그 파라미터 수도 엄청나게 크다. 기본적인 아이디어는 확률적 모델이지만, 그 내부의 학습이라는 과정을 통해서 수 많은 파라미터의 값을 정하는 과정에서 딥러닝 신경회로망을 사용하고 있다.

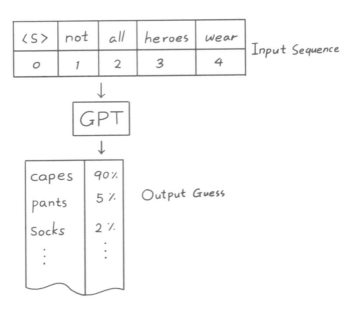

챗GPT의 입력과 출력

챗GPT의 입력은 일련의 단어이고, 출력은 그 일련의 단어 뒤에 가장 높은 확률로 놓여질 것 같은 단어가 된다. 실제 이 모델은 아래와 같이 너무 단순하다.

Not all heroes wear → capes

모든 영웅이 입는 것이 아닌 것은 → 망토

Not all heroes wear capes → but

모든 영웅이 입는 것이 아닌 것은 망토인데 → 그러나

Not all heroes wear capes but → all

모든 영웅이 입는 것이 아닌 것은 망토인데 그러나 → 모든

Not all heroes wear capes but all → villains

모든 영웅이 입는 것이 아닌 것은 망토인데 그러나 모든 → 빌런들은

Not all heroes wear capes but all villains → do

모든 영웅이 입는 것이 아닌 것은 망토인데 그러나 빌런들은 → 입는다.

너무 직관적이고 이해하기 쉽고 단순한 모델이 아닌가 하는 생각이 든다. 왜냐하면 인간의 언어 모델의 로직과 구동되는 방식이 똑같기 때문이다. 바로 딥러닝 알고리즘이 효과를 발휘하게 되는 것이 이 부분이다. 딥러닝 이전에는 이런 모델을 만들기 위해서 매우 다양한 시도_{확률, 규칙 등}들이 있었으나 그 성능과 확장성에 한계가 있었다. 빅데이터와 딥러닝 덕분에 이런 대규모 언어 모델의 구현이 가능하게 된 것이다.

좀 더 기술적인 이야기를 이어가면, GPT모델이 실제 단어를 이해할 수 있지 않다. 우리 인간은 글과 말을 배워서 단어의 형태로 머리 속에 저장하고 있는데, 해당 단어는 추상화된 형태로 뇌에 저장되고, 그 단어에 연상되어 있는 수많은 기억과 정보들이 서로 연관성을 가지고 있다는 것이다. 컴퓨터는 메모리와 프로세스로 이루어져 있고, 저장되고 처

리되는 형태는 모두 디지털로 되어 있는 숫자^{벡터}에 불과하다. 인간이 사용하는 수 많은 단어들은 컴퓨터라는 기계상에서 단지 벡터라는 대수의 식으로 표현되고 있을 뿐이다.

또 하나는 GPT에 입력되는 문자열의 입력값에는 제한이 있는데 2,048단어^{GPT3인 경우}로 고정되어 있고, 더 정확히는 GPT의 입력은 2,048개의 문자열과 출력으로 또 다른 2,048개의 문장^{문자열}이 된다. 신경회로망이라는 특성이 고정되어 있는 벡터만을 처리할 수 있다.

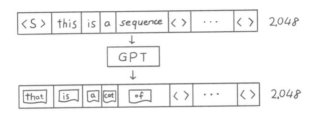

"This is…"를 입력값으로 넣었을 때 "that is…"를 출력하는 GPT의 한 예시

위 그림은 "This is a sequence…"를 입력값으로 넣었을 때 "that is a cat of…"를 출력하는 GPT의 한 예시이다. 즉 GPT의 역할은 문장을 입력하여 다른 문장을 출력하는 역할을 하게 되는데, 그 표현의 형식이 2,048개 단어의 연속된 코딩으로 표현되는 것이다.

그러면 컴퓨터 내에서 한 단어는 어떻게 표현되어 처리되는지 알아보자. 아래 그림에서처럼 단어 'The'는 챗GPT가 다루는 영어 단어 50,257개 어휘의 one-hot 인코딩^{즉, 50,257개의 일련의 0과 1로 이루어진 문자열 중에 하나만 1로}

표현한 코딩 방식으로 표현된다.

한 단어를 다루는 챗GPT의 처리 방식

　이 코딩 방식을 50,257개의 단어에 모두 적용하면 하나의 문장은 아래와 같이 표현된다. 결과는 0과 1로 표현된 2,048×5,0257 매트릭스 Sparse martrix가 생성되고, 이 매트릭스가 챗GPT의 입력과 출력이 되는 것이다. 물론 좀 더 자세한 설명이 필요한데, 워드 임베딩embedding과 위치 인코딩positional encoding 등을 통해서 차수를 줄이고 정확도를 높이는 형식을 활용하고 있다. 또한 출력할 문자열에 대해서 어떤 입력 단어에 집중할 것인지를 계산하는 어텐션attention 계산을 통해서 정교한 출력을 하게 만드는 알고리즘도 포함되어 있다.

　단순하지만 이런 언어AI모델은 인터넷에 존재하는 방대하고 좋은 퀄리티의 빅데이터를 모두 학습에 사용하고, 그 내용들은 파라미터챗GPT3

는 1,750억 개에 저장한다는 것이다. 이를 통해서 자연스러운 언어 모델을 보유하고, 실제 인간처럼 말할 수 있게 된 것이다. 게다가 이런 모델에 더 자연스러움을 제공하기 위해서 직접 사람들이 해당 데이터를 더 인간답도록 모델을 튜닝하는 작업을 하게 된다. 이렇게 만들어지면서 더욱 인간다운 답변을 하는 언어AI모델로 발전해 나갈 수 있게 된 것이다.

이렇게 단순한 알고리즘이 빅데이터 학습이라는 과정을 통해서 챗GPT의 인간과 같은 언어 모델을 만든 것이다. 실제로 챗GPT는 데이터를 활용해 빠른 속도로 시나 단편 소설, 게임 시나리오 등을 창작해 낸다. 의학 면허 시험, 대학 리포트, 로스쿨 시험 등에서도 유의미한 성적을 내고 있고 판사의 판결문도 작성했다고 한다.

이렇게 단순한 기술과 학습의 결과에 대해서 여러가지 비판도 동시에 있는 것이 사실이다. 챗GPT의 결과물은 결국 '데이터 짜깁기'에 불과하다고 하면서, 언어학자 놈 촘스키Noam Chomsky MIT 명예교수는 GPT를 '첨단 기술 표절 시스템'이라고 했다. 기술적으로 본다면 천문학적인 양의 데이터와 규칙성, 문자열 등에 기반해 문장을 만드는 역할만 한다고 하는 것이 일리가 있다. 수만 년간 축적된 인간만의 유산인 언어, 인지, 이해능력 등과 관련해서 챗GPT를 인간과 비교한다는 것이 인간의 자존심에 상당히 영향을 주는 것은 사실인 것 같다.

다가올 더 큰 쇼크
GPT4

 GPT4의 출시가 임박했다는 소식이 많이 들리고 있다. 오픈AI는 이제까지의 세 가지 GPT모델을 모두 1년씩 걸려서 〈GPT1[2018], GPT2[2019], GPT3[2020]〉를 출시했다. 현재는 2022년 1월에 출시한 GPT3.5 버전이 사용되고 있고, GPT3와 동일한 사전훈련 데이터 세트[Data Set]를 기반으로 하지만 추가적 미세 조정 기능과 함께 사용하고 있다. 이 미세 조정 단계는 GPT3모델에 인간 피드백을 통한 강화학습 〈Reinforcement Learning from Human Feedback[RLHF]〉이 추가되었다.

 RLHF는 말 그대로 사람의 피드백으로 강화 학습을 시켰다는 뜻이다. GPT3는 학습을 거쳐 어떤 문장에 대해서 다음에 올 확률이 가장 높은 문장을 만들어주는 것이 기본 원리이다. "1+1은 무엇인가?" 이런 질문의 답을 얻는다고 할 때, 우리가 생각하는 지능은 '1'이란 무엇이고 '+덧셈'란 무엇인가의 수학적 개념을 알고 '2'라는 결과를 도출하는 것이다. 하지만 AI가 인터넷상의 수많은 문장들을 학습하다 보면 "1+1은 무엇인가?"라는 문장의 뒤에는 "답은 2입니다"라는 문장이 나오는 경우가 확률적으로 가장 많이 나올 것이다. GPT3는 이 같은 방식으로 작동하는 인공지능이다. 결국 수학을 아는 것이 아니라 언어적 확률을 아는 거대 언어 모델LLM이기 때문이다. 그런데 인간의 언어는 단순한 사칙연산이나 논리학이 아니라 좀 더 복잡한 요소들이 개입한다.

또, 소통이라는 것이 한두 번 주고받는 것이 아니라 서로 주고받는 것이 반복되는 대화Conversation의 경우에는 나의 잘못을 인정하거나 상대의 잘못을 지적하는 경우가 발생한다. 챗GPT가 사용한 RLHF는 사람의 피드백을 반영해서 가장 사람이 말하는 것 같은 결과물에 가점을 줘서 학습을 시켰다. 당연히 그 결과물은 더 사람 같아졌다. 사람의 피드백을 반영했다는 것은 결국 사람이 참여해서 학습을 시켰다는 것이다. 챗GPT는 AI 데이터 전문 업체인 스케일AI와 업워크용역 외주 사이트를 통해 40개의 하청 업체를 사용했다고 한다. 즉, 꽤 많은 수의 사람이 동원됐다고 예상할 수 있다. 또한 우리가 챗GPT를 사용하면서 남기는 피드백좋아요 또는 싫어요 마크은 모두 향후 챗GPT의 학습으로 사용될 것이다.

기술적으로 보면 챗GPT가 사용하고 있는 GPT3.5Instruct GPT의 장점은 오른쪽 그림에 요약해서 나와 있다. 즉, 84%까지 진실성 정도를 가지며, 기존보다 더 많은 지식을 보유하며, 2,048개보다 큰 4,000개의 워드토큰 길이로 늘어났으며, 헛소리환각 현상를 덜하게 되었다고 한다. 2021년 6월까지의 데이터로 학습하여 보다 더 최신 정보를 보유하고 있으며 사람에게 더욱 가깝게 느껴지는 특징을 가지게 되었다.

84%
More truthful

1.5 years
More knowledge
To June 2021

21

HHH: Helpful, honest, harmless
New alignment objective to be useful, truthful, and careful

InstructGPT
OpenAI

58%
Less hallucinative

1.9x
Larger context window
(from 2,048 to 4,000 tokens)

https://lifearchitect.ai/models/

그렇다면 GPT4는 어떤 특징을 가지고 있기에 더 큰 쇼크를 우리에게 준다는 것인가? 아래의 그림으로 표현할 수 있을 것 같다. 사이먼 호이버그Simon Hoiberg의 트위터에서 GPT4가 100조 개의 파라미터를 가지게 된다는 것을 표현한 그림이다. 그림만 보더라도 지금 나와 있는 모델과의 차이가 엄청남을 느낄 수 있다. 물론 아직 GPT4에 대한 파라미터의 수와 같은 이야기는 확인할 수 없는 부분이지만, 분명한 것은 엄청난 속도로 GPT5, GPT6 등으로의 진화는 계속되리라는 것이다.

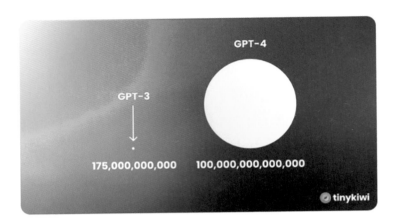

두개의 비교 (사이먼 호이버그의 트위터)

그러면, 여기서 GPT4에 대해서 챗GPT는 어떤 생각을 가지고 있는지 직접 물어보았다.

"GPT4를 설명하라"는 요청에 대한 챗GPT 응답:

"GPT4는 아직 존재하지 않기 때문에 특정 기능이나 디자인에 대한 정보가 없습니다. 그러나 고급 기계 학습 기술을 사용하여 인간과 유사한 텍스트를 생성하는 GPT 시리즈의 연속이라고 가정할 수 있습니다. 오픈AI는 GPT4 개발에서 자연어 처리 및 기계 학습의 새로운 기술과 혁신을 통합할 수 있습니다. 그러나 출시되기 전까지는 기능과 디자인을 추측할 수밖에 없습니다."

챗GPT의 응답에서 볼 수 있듯이, 아직 구체적인 기능에 대한 소개는 나와 있지 않다. 다만 CEO인 샘 알트만Sam Altman의 인터뷰 등에서도 언급되었듯이, 멀티 모달의 기능에 대해서 한창 연구 중인 것만은 분명하다. 또한 교육적 활용 및 저작권 이슈는 아직 적응해야 할 부분들이 많고, 특히 교육적인 활용에 대해서는 매우 확고한 기능을 가지고 있는 듯하다.

멀티 모달multi-modal이란 이미지, 텍스트, 동영상, 음성 등 다양한 비정형 형태의 데이터가 함께 조합되어 있는 정보 또는 이를 처리하는 모델을 말한다. 검색에서도 키워드를 입력하면 문서, 텍스트, 그림, 동영상들이 검색되어 나오는 것은 바로 멀티 모달 검색 기능 기술이 보편화되었기 때문이다. AI분야에서 특히 초거대 AI에서는 오래전부터 멀티 모델을 처리하는 방법에 대해서 많은 연구를 하고 있었다. 현재 챗GPT에서 언어모델을 사용하는 것은 언어가 바로 단일 모달을 가지고 있지만 가장 풍부하고 복잡한 정보 형태를 내재하고 있기 때문이다. 앞으로 나올 GPT모델에서는 언어뿐 아니라 다양한 형식의 데이터를 처리하여 학습하고 출력하는 기술로 발전할 것이 예상된다. 왜냐하면 인간의 처리 능력의 많은 부분이 실제로는 언어뿐 아니라 이미지나 동영상 같은 형식으로 되어 있기 때문이다.

챗GPT는 계속 진화하는 생물같은 것

챗GPT의 진화는 'GPT4는 코딩 부분에 초점을 맞출 것'이라고 하면서 AI코딩 모델 '코덱스'를 선보인 것을 보면 알 수 있다. 오픈AI는 AI로 생성하는 코드의 품질을 개선하려고 많은 개발자들을 실제로 활용하고 있다. 코드의 라인과 자연어 작성 코드 주석을 포함한 학습용 데이터를 생산할 예정이다.

코덱스는 자연어 기반 코드 생성 모델이다. 언어 모델이 소통을 위한 언어 생성이라고 한다면 코덱스는 코드 생성 모델이다. 코드는 자연언어가 아닌 프로그램 언어이다. 자연어든 프로그램 언어든 무엇이든 생성할 수 있는 인간과 같은 지식을 가지게 될 것이다. 마이크로소프트의 깃허브 내 데이터를 학습해 자연어로 프로그래밍의 구현 목표를 지시하면 자동으로 코드를 생성해준다. 이미 출시한 깃허브 코파일럿 서비스가 코덱스를 기반으로 만들어졌다.

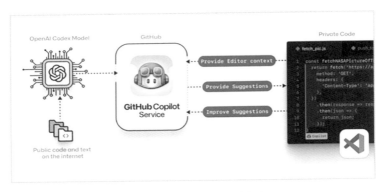

코파일럿 서비스의 모습, (깃허브)

코파일럿은 Visual Studio Code, Neovim 및 JetBrains IDE와 같은 통합 개발 환경IDE에서 사용할 수 있는 편집기IDE 확장으로 제공된다. 코파일럿은 개발자가 개발 중인 코드의 문맥을 분석하고 이해한 후 코드를 자동으로 만들어주거나, 주석으로 설명을 쓰면 그에 맞는 코드를 자동으로 생성해준다. 또한 반복되는 코드를 자동으로 채워주며, 복잡한 알고리즘을 제공하고, 구현된 코드에 대한 테스트를 자동으로 생성해주는 기능도 있다. 또한 이미 개발자가 작성한 코드를 대체할 수 있는 솔루션을 제안해주기도 한다. 입력한 명령만으로 간단한 게임과 같은 전체 프로젝트를 만들 수도 있다. 오픈AI 코덱스는 공개적으로 사용이 가능한 소스 코드와 자연어에 대해 학습했기 때문에 프로그래밍 언어와 인간 언어 모두에서 작동한다. 편집기 확장은 컨텍스트에 따라 깃허브 코파일럿 서비스에 주석과 코드를 전송한다. 관련 컨텍스트는 데이터베이스 또는 파일 경로의 URL을 통해 식별할 수도 있다. 그런 다음 컨텍스트와 함께 주석과 코드를 사용해 오픈AI 코덱스에서 개별 행과 전체 기능을 합성하고 제안할 수 있다.

100만 사용자 달성에 걸린 기간

넷플릭스 – 3.5년
에어비앤비 – 2.5년
페이스북 – 10개월
스포티파이 – 5개월
인스타그램 – 2.5개월
아이폰 – 74일
챗GPT – 5일

100만 사용자를 가장 빠르게 달성한 챗GPT

위의 그림처럼 폭발적으로 인기를 끈 챗GPT를 공개한 오픈AI사가 앞으로 어떤 응용서비스를 출시할 것인가가 초미의 관심사이다. GPT4를 통해서 얻은 초거대 언어모델을 기반으로 코딩 영역뿐 아니라 다른 인간의 영역으로도 들어오게 될지 많은 분야에 있는 사람들이 예의 주시하고 있다. 판사, 변호사, 회계사 등 언어를 기반으로 특별한 지적 경험을 가지고 삶을 꾸려오는 많은 사람들에게 위협이자 또다른 기회를 제공하고 있는 것은 분명하다.

챗GPT를 이끄는 사람들

오픈AI는 샘 알트만Sam Altman이 2015년 12월 11일 설립하여 인류에게 이익을 주는 것을 목표로 하는 인공지능 회사이다. 인공지능 정보를 오픈 소스화하여 더 안전한 인공지능 발전을 추구하며 GPT3 등 거대 언어 모델 기반 서비스를 제공한다.

샘 알트만을 비롯하여 실리콘밸리 창업의 왕으로 유명한 링크드인 LinkedIn의 리드 호프먼Reid Hoffman, IT 벤처 투자가 제시카 리빙스톤Jessica Livingston, 구글 브레인 출신의 일리야 수츠케버Ilya Sutskever, PayPal의 창업자 피터 틸Peter Thiel, IT전문가 그레그 브록만Greg Brockman 등이 자금을 투입하여 창업했으며 일론 머스크도 공동창업가 중 한 명이다. 아마존 웹 서비스, 인포시스Infosys와 YC Research도 설립 시 지분을 투자했다. 이들 공동창업자들이 오픈AI 설립 당시 투자한 금액은 총합 10억 달러에 달했다고 한다.

2018년에는 제드 맥칼렙Jed McCaleb, 게이브 뉴웰Gabe Newell, 마이클 세이벨Michael Seibel, 얀 탈린Jaan Tallinn, 애슈턴 이턴Ashton Eaton, 브리앤 타이젠 이턴Brianne Theisen-Eaton 등의 개인 투자가들이 신규 자금을 투입했으며, 2019년에는 마이크로소프트가 한화로 1조 원 가량을 투자했다.

테크노 마르크시스트로 불리던 샘 알트만

샘 알트만은 오픈AI 이전부터 실리콘밸리에서 유명인사였다. 스탠포드 대 컴퓨터공학과를 중퇴한 뒤 친구의 위치를 확인할 수 있는 소셜 매핑 서비스 '루프트Loopt'를 창업했고 이후 28세 때부터 에어비앤비, 드롭박스, 레딧, 핀터레스트 등 수많은 유니콘을 배출한 스타트업 액셀러레이터 'Y컴비네이터YC'의 사장을 맡았다. 실리콘밸리의 스타트업 최고 교사 가운데 한 명으로 통한다.

동시에 그는 실리콘밸리의 대표적인 비저너리visionary 가운데 한 명이다. 그가 사장으로 있던 YC는 2016년 캘리포니아 오클랜드에서 무작위로 선정된 1천 가구에 매달 일정액을 조건 없이 지급하는 기본소득 실험을 하기도 했다. 인공지능과 로봇이 일자리를 대체하고 부富가 빅테크에 집중되면서 발생할 격차를 해결하기 위한 실험이었다. 그는 "기술이 새로운 부를 창출하고 있지만 동시에 전통적인 일자리를 없애고 있다. 나는 기본소득이 아니면 기회의 평등을 갖는 것이 불가능하다고 믿는다"고 말하기도 했다.

YC는 한때 Y-City라는 도시 프로젝트도 추진했다. 태양광으로 에너지를 공급하고 AI 로봇이 집을 지으면 주거비가 낮아져 저소득층이 살 수 있는 도시를 만들 수 있다는 구상이었다. 그래서 그는 '테크노 마르크스주의자'로 불리기도 했다.

비영리회사인 오픈AI 역시 인공지능이 소수에 의해 상업적으로 이용되면 사회에 해악을 끼칠 수 있다는 문제의식에서 설립했다. AI기술이 특정회사에 종속되지 않도록 오픈소스로 공개하고 인류에 이익을 주는 방향으로 사용되도록 하자는 취지였다. 함께 설립한 일론 머스크가 이 사회에서 물러난 것도 테슬라와의 이해 상충을 피하기 위해서였다.

이런 취지 때문에 샘 알트만은 오픈AI가 돈을 어디까지 벌 것인지 미리 정해 놓았다. 비영리회사인 오픈AI의 자회사로 오픈AI LP라는 영리회사를 만든 뒤 'Capped-Profit company이익을 제한한 회사'라고 이름 붙였다. 그는 이렇게 말했다. "AI기술의 놀라운 발전으로 우리는 빨리 성장할 필요가 생겼다. 컴퓨팅 장비를 마련하고 재능 있는 인재를 모집하려면 수십억 달러가 들 것이다. 우리는 자본을 유치하면서 미션도 지키고자 한다. 이를 위한 우리의 해결책은 영리와 비영리의 하이브리드 구조를 창조하는 것이었다."

그래서 오픈AI LP는 투자자들이 투자한 만큼 지분을 가질 수는 있지만 수익은 아무리 대박이 나도 투자의 100배까지만 회수할 수 있도록 했다. 100배가 너무 많지 않냐는 의견에 대해 그는 "100배가 과하다고 말하는 것은 오픈AI LP가 성공할 가능성이 100분의 1을 넘어설 것이라고 말하는 것과 같다. 사실 정말, 정말very, very 힘든 일이다"라고 말하기도 했다. 오픈AI가 AI개발에 엄청나게 소요되는 컴퓨팅 비용을 조달하

1장. 챗GPT란 무엇인가

기 위해 마이크로소프트의 대규모 투자를 받고 있지만 마이크로소프트 역시 이 제한을 받게 된다.

샘 알트만은 2023년 2월 포브스와의 인터뷰에서 "AI가 자본주의를 무너뜨릴 수 있다"고도 경고했다. "범용인공지능^AGI*이 개발되면 자본주의를 무너뜨릴 수 있다. AGI는 인간과 상관없이 수익을 발생시킬 텐데 이를 어떻게 배분해야 할지가 관건이다. 이런 AI를 누가 통제할 것이며 이를 소유한 회사는 어떤 지배구조가 되어야 할지 새로운 생각이 필요하다. 자본주의는 현존하는 모든 나쁜 시스템 중에서 가장 좋은 시스템이기에 더 나은 방안을 찾았으면 한다."

샘 알트만 (사진: 오픈AI)

*AGI
Artificial General Intelligence(인공일반지능)의 약자이다. 일반적으로는 범용인공지능이라고 부른다. 인간의 지시 없이도 스스로 학습과 훈련이 가능한 인공지능으로 언어를 넘어 이미지, 음성, 영상 등의 데이터를 일반적인 인간에 가깝게 해낼 수 있는 기계의 지능을 뜻한다. 챗GPT, 알파고처럼 특정 문제를 해결하는 것을 넘어 인간처럼 자연스럽게 인간의 일을 대체할 수 있다. 하지만 AGI까지 도달하기에는 많은 시간이 걸릴 것으로 예상된다.

오픈AI 헌장

"오픈AI의 임무는 인공 일반 지능AGI·가장 경제적으로 가치 있는 작업에서 인간을 능가하는 고도로 자율적인 시스템을 의미함이 모든 인류에게 이익이 되도록 하는 것입니다. 우리는 안전하고 유익한 AGI를 직접 구축하려고 시도할 것이지만, 우리의 작업이 다른 사람들이 이러한 결과를 달성하도록 돕는다면 우리의 임무가 완수된 것으로 간주할 것입니다. 이를 위해 다음과 같은 원칙을 약속합니다."

4가지 원칙

1. 혜택의 분산: 인류 모두에게 AGI가 이익이 되도록 사용하며, 인류에게 해를 끼치거나 부당한 권력 집중에 AI·AGI가 사용되는 것을 방지한다.

2. 장기적 안정: AGI를 안전하게 만드는 데 필요한 연구를 수행하며 혜택 분산을 추진하기 위해 노력한다. 가치 중심의 안전한 프로젝트가 먼저 AGI에 가까워지는 경우, 경쟁보다는 지원을 할 것이다.

3. 기술적 리더십: 오픈AI는 AI기능의 최첨단화에 앞장서며, AI의 사회적 영향력을 고려하여 전문 지식의 영역을 선도하기 위해서 노력한다.

4. 협업 오리엔테이션: 다른 연구 및 정책기관과 적극적으로 협력하며, 글로벌 커뮤니티를 통해서 AGI의 글로벌 과제를 해결한다. 사회가 AGI로 가는 길에 도움이 되기 위한 공공재, 특히 AI의 안전, 정책 및 표준 연구의 공유 등에 최선을 다한다.

누군가에겐 '기회'
누군가에겐 '놓친 기회'
-
2장. 생성AI는 산업을 어떻게 바꿀까

생성AI(generative AI)란 무엇인가

인간의 전유물이라고 믿었던 창조적이고 혁신적인 작품을 빚어 내는 로봇이 발명된다면 세계의 모습은 많이 달라질 것이다. 그리고 이미 세상은 달라지고 있는데, 바로 이 '생성AI'의 등장이 예술가와 기술자의 기준을 완전히 뒤바꿔 놓기 시작했다. 도대체 이 생성AI라는 기술은 어떤 것인가?

한마디로 생성AI는 머신러닝^{딥러닝} 알고리즘을 활용하여 기계가 학습 데이터를 기반으로 텍스트, 이미지, 오디오, 비디오 콘텐츠와 같은 새로운 인공 콘텐츠를 만드는 기술이다. 좀 더 자세히 말하자면 사용자가 생성AI에게 어떤 것을 만들어달라는 요구를 함에 따라서 결과를 만들어 내는데, AI가 학습에 활용한 데이터를 기반으로 출력을 만들어 내고 있다. 그러므로 가끔 실재하지 않는 새로운 콘텐츠를 만들어 내는 경우가 발생하고, 사람들은 이것을 인간만이 할 수 있는 창조의 영역을 침범하고 있는 현상으로 보는 것이다. 물론 AI과학자들은 이것을 창조의 영역으로 절대 보지 않는다. 학습한 결과 내에서 발생한 일정의 랜덤random한 결과라고 여기는 것이다. 확실한 것은 인간이 하는 거의 모든 산업 영역에서 AI는 놀라운 속도와 가치 높은 수준의 역할을 해나갈 것임에 틀림없다. 우리의 상상대로, 상상 그 이상으로 펼쳐질 AI의 세상을 그려 보자.

2022년 4월에 이미지 생성AI인 '달리DALL-E 2'가 처음 공개됐다. 텍스트를 입력하면 이미지를 만들어주는 AI이다. 달리2 이외에도 스테이블 디퓨전Stable Diffusion, 미드저니Midjourney 등 이미지 생성AI가 잇달아 등장했다. 이미지 생성AI는 단순히 기술을 전시하는 수준을 넘어 실제 상용화에 성공했다. 데비안트 아트Deviant Art나 캔바Canva와 같은 온라인 크리에이티브 툴들은 이미지 생성을 하나의 기능으로 서비스하기 시작했다.

2022년 11월에는 오픈AI가 챗GPT를 공개했다. 챗GPT는 앞에서 말했듯이 대화를 하고, 에세이를 쓰고, 컴퓨터 프로그래밍을 하며, 심지어 시를 쓰기도 하고 노래 가사를 이용자의 요구대로 바꾸는 개사를 하기도 하는 챗봇이다. 학생들의 숙제 리포트를 대신 쓸 수도 있다. 챗GPT의 등장은 환호와 우려를 동시에 불러일으켰다. 예상보다 훨씬 더 빠른 기술의 발전에 환호하는 이들도 있지만, 새로운 기술이 기존의 법제도나 윤리와 충돌해 사회적 혼란이 야기되는 것을 우려하는 이들도 있다. 그러나 분명한 것은 이 모든 게 시작에 불과하다는 것이다.

생성AI모델의 기술과 종류

생성AI는 2014년 GAN^{Generative Adversarial Networks}이라는 모델이 등장하면서 본격적으로 인기를 끌기 시작했다. GAN은 생성하는 모델과 이를 판단하는 모델이 서로 경쟁하면서 실제와 가까운 이미지나 동영상, 음성 등을 자동으로 만들어 내는 모델이다. 이전에도 VAE^{Variational Auto-encoder} 등의 방법론이 있었지만, GAN이 생성AI의 시대를 본격적으로 열었다고 볼 수 있다. 예를 들어, 개와 고양이 사진을 구별하는 것이 대표적인 사례이다. 인간이 개와 고양이 사진에 라벨링을 하고, 기계가 그 라벨과 이미지를 학습하면 개와 고양이를 구별할 수 있었다. 또는 위폐^{僞幣}와 진폐^{眞幣}를 구분하는 사례가 있고, 생성모델을 활용하여 구하기 힘든 학습데이터를 가상적으로 만드는 니즈에 따라 다양한 형태의 이미지 생성도 시작되었다.

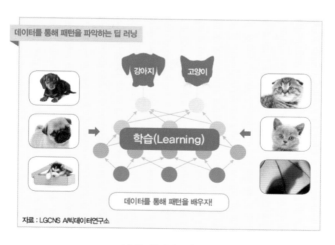

(출처: 한경비즈니스)

특히, 챗GPT는 초거대 언어모델로서, 수천억 개의 매개변수를 이용하여 인간과 비슷한 출력을 내게 만든 생성형 언어모델이다. GPT 시리즈가 등장한 이후 AI 업계는 모델의 크기가 품질을 좌우한다는 사실을 실험적으로 알았고, 매개변수가 너무 많으면 비효율적일 것^{특히 과적합이라는 문제}으로 생각했는데, 비효율적이더라도 기존에는 할 수 없던 일을 할 수 있게 된 것이다. 특히 초거대 언어모델의 확산은 '트랜스포머'라는 모델 덕분이다. 트랜스포머는 수학적 기법을 이용해서 멀리 떨어진 데이터끼리의 상관관계를 감지하는 방식이다. 기존에는 한 단어가 나오면 그 다음 단어나 그 앞 단어와의 상관관계만을 파악했는데 훨씬 진보적인 발전을 한 것이다.

챗GPT, 달리2, 메이크 어 비디오_{Make a video}, 미드저니 등의 생성AI 서비스들은 2022년부터 엄청나게 시장에 쏟아지고 있다. 특히 챗GPT가 나온 이후에, 이런 생성AI기술이 빅테크들의 기술력과 생존력을 입증할 중요한 지표로 자리 잡게 되었다.

생성AI모델인 달리2와 미드저니는 어떻게 사용하는지 알아보자.

1. 달리

동영상 https://www.youtube.com/watch?v=nxr7ETc8oCA를 보면 소개 내용이 아주 세세하게 나옴. 동영상들이 많음.

2. 미드저니

동영상 https://www.youtube.com/watch?v=TInpBReOqbo → 프롬프트 엔지니어라는 신직업 소개.

미드저니로 그린 2022년 8월 콜로라도주 박람회 미술대회 디지털 아트 부문 수상작

생성AI모델의 핵심 요소는 빅데이터와 계산능력, 결국 자본

현재 생성AI기술은 누구든지 만들 수 있게 기술이 모두 공개되고 자유롭게 응용할 수 있다. 그런데 '정말 누구나 만들 수 있는가'라는 질문에는 아무나 만들 수 없고, 그것도 일부 빅테크 기업들만 만들 수 있는 것이라고 알려졌다. 그 배경에는 바로 생성AI모델에 들어가는 천문학적인 자본과 빅데이터가 있기 때문이다. 기술력만 좋은 회사들이 생성AI모델을 만들어서 서비스하기가 불가능한 이유는 공개된 알고리즘이나 모델의 경쟁력이 아니라 더 큰 모델을 만들고 더 많은 데이터를 학습하는 것이 더 좋은 서비스를 만드는 기본이 되기 때문이다.

더 많은 파라미터와 더 큰 컴퓨팅 능력이 경쟁을 높이는 길이다. 특별히 빅데이터를 가지고 있더라도 더 규모가 큰 컴퓨팅 능력이 필요한데, 빅데이터를 구하는 것보다 훨씬 더 자본이 많이 들기 때문이다.

특별히 요즘 생성AI전용 반도체가 필요한 이유이다. 현재 AI 분야에

2장. 생성AI는 산업을 어떻게 바꿀까

주로 사용되는 반도체는 그래픽 처리장치GPU이다. GPU는 본래 그래픽 처리 속도를 높이기 위해 만들어진 프로세서지만, 데이터를 한 번에 대량으로 처리하는 '병렬 처리 방식'을 취하고 있다는 특성 때문에 AI 분야에서 각광을 받고 있다. 특히 신경망 처리장치NPU는 인간의 신경망과 같은 구조로 빅데이터를 처리하는 프로세서를 말한다. GPU는 애초에 AI 처리를 위해 만들어진 프로세서가 아니기 때문에 GPU로 생성AI나 초거대AI 처리를 하기 위해서는 코어 수를 늘려야 하는데, 그 과정에서 가격이 높아지고 전력 소모가 커진다. 또한 프로그램을 돌리기에도 무겁고 효율성이 낮아지는 것이다. 또한 생성AI가 역할을 하기 위해서는 NPU 이외에 대용량 고속 메모리가 필요하다. 거대AI모델을 저장하기 위해서는 지금의 메모리와 같은 구조나 크기로는 감당할 수 없기 때문이다. 인간의 뇌는 아날로그 형식으로 데이터를 저장하고 추론하는데 반해, 컴퓨터는 반도체라는 형식으로 구성되어 있다. 거대 생성AI모델과 관련된 응용시장이 커질수록 결국 프로세서와 메모리의 해결이 반드시 필요할 것으로 예상된다.

생성AI에 수반되는 변화: 생산성과 위험*

생성적 AI는 기존 학습한 데이터를 기본으로 기존 데이터와는 다른 독창적인 새 결과물을 만들어 낸다. 그러나 새 결과물은 사실 기존 것에서 파생된 조합이다. 수학적으로는 두 데이터 사이의 중간데이터를 구하는 인터폴레이션interpolation*이라고 직관적으로 생각할 수 있다. 사실

---

*https://www.itworld.co.kr/news/273277 참조

대다수 생성AI 서비스가 이런 방법으로 결과물을 만들어 내고 있다. 사람도 그렇다. 모두 원래 있었던 것을 참조하고 다른 이에게서 배운 것을 가지고 약간의 변화와 변수를 넣어서 독립적으로 쓰이는 자기만의 '스킬셋'을 만드는 것과 유사하다.

이 기술은 분명 초기 단계이다. 디지털 미술 대전에서 수상하는가 하면, 좋은 반응을 얻은 노래를 작곡하기도 한다. 기사나 글의 품질은 최고는 아니지만 읽기 쉽고 흥미롭다. 여기까지는 초기의 기준선이다.

생성AI의 분명한 목표는 이미지를 자동으로 편집하고, 글의 맞춤법과 문법을 검사하고 도움이 되는 조언을 제공하는 도구의 지루함에서 사용자를 해방시킨다는 것이다. 그러나 웹 검색처럼 필요한 결과를 빨리 내보내는 명령이나 쿼리query, 정보 수집에 대한 요청에 쓰이는 컴퓨터 언어 등 생성적 AI에 필요한 기술이 함께 개발되어야 한다. 그런 기술이 없으면 쿼리를 자세히 설명하는 데 시간이 걸리거나 적절히 표현하는 방법을 알 수 없어 어려움을 겪게 된다.

생성적 AI의 가장 큰 장점은 어떤 문제를 해결하는 데 사람이란 사용자가 필요하다는 것이다. 물론 사용자가 생성AI 도구의 정확한 사용법을 배운다는 전제가 깔려 있다. 필요한 프롬프트 구문에 정통해질수록 생산성과 기여도를 더 높이는 데 도움이 된다.

인터넷 기술이 1980년대에 일반 대중에게 공개되고, 사람들이 인터넷 쓰임새를 발견한 것과 매우 유사하다. 생성AI모델의 원리나 논리 자체를 이해한 것은 극소수에 불과했다. 그리고 생성적 AI를 효율적으로 활

68P *인터폴레이션: 이미 알려진 특정 신호의 정보 영역에서 새로운 정보 신호를 추정하여 구성하거나 추가·삽입하는 작업.

용할 기술은 아직은 알려지지 않았다. 이러한 도구를 포용하기보다 교육계에서는 생성적 AI를 속임수로, 학생들은 불법 도구로 인식할 가능성이 높다는 점을 고려하면 상황은 더 나쁘다.

현재 이런 도구를 둘러싼 소송의 대부분은 사람의 일자리를 빼앗을 것이라는 우려 때문에 발생하기도 한다. 예술가, 작가, 공학자, 법률 전문가는 모두 다른 사람을 관찰하면서 필요한 것을 배운다. 창조적 모방이라는 과정을 통한다. 이러한 관찰이 불법이라고 하면 생성AI의 학습은 물론이고 사람을 훈련하는 과정에도 문제가 생긴다. 공정한 사용 기준과 윤리하에서 관찰과 학습이 이루어져야 한다는 것이 개인적인 생각이다. 생성AI가 배우는 방법과 실제 사람이 배우는 방법의 주된 차이는 잘 정리된 교과서가 필요 없고, 엄청난 속도로 학습이 방대하게 이루어진다는 점이다. 이것이 가장 인간에게는 두려운 것이다.

생성AI기반 비즈니스 모델*

인공지능이 2023년부터는 새로운 수익모델을 대거 창출해 낼 것으로 보인다. 특히 2020년 대거 등장한 생성AI 도구는 기존 소비자 서비스와 결합해 수많은 비즈니스 모델을 만들어 낼 것으로 예상된다. 생성AI는 '챗GPT'를 포함해 글을 만드는 언어모델인 GPT 시리즈와 이미지를 생성하는 '달리' '스테이블 디퓨전' '미드저니' 등이 있다. 동영상을 만드는 모델로는 '이매진'과 '페나키' 및 '메이크 어 비디오' 등이 있고, 프로그래밍 코드를 생성하는 '코덱스'도 생성AI로 분류할 수 있다.

---

*https://www.aitimes.com/news/articleView.html?idxno=148751 참고

생성AI 모델은 비교적 손쉽게 기존 서비스 모델과 결합할 수 있다. 이 사실은 난립 가능성을 예고하기도 한다. 학습 데이터 저작권 문제나 오남용으로 인한 부작용 소지도 여전하다. 이를 활용한 사업 운영에 위험도 따른다는 얘기이다. 특정 수요에 최적화하여 위험을 회피하는 기업들만 수익 창출에 성공할 것으로 예상된다.

기초 생성AI 모델 개발 기업과 대형연구소들이 2023년을 기점으로 수익 창출에 적극 나설 것으로 보인다. 오픈AI는 이미 달리와 GPT 시리즈 유료화를 진행한다. 출시하면서 3개월 동안만 무료로 제공하고 이후로는 유료화하겠다고 선언한 바 있다. API 접근 자체를 유료화한다는 계획이다. 이를 통해 2023년 2억 달러^{약 2,500억 원}, 2024년 10억 달러^{약 1조2,500억 원}의 매출을 달성한다는 목표이다.

아이폰 혁명처럼
AI생태계가 태동할까

2007년 1월 9일 스티브 잡스 전 애플 최고경영자는 미국 샌프란시스코에서 열린 맥월드 행사에서 아이폰을 처음으로 대중 앞에 선보였다. 스티브 잡스가 "우리가 휴대폰을 다시 발명했다"며 자신 있게 내놓은 아이폰은 그야말로 '혁명'의 아이콘이 됐다.

최초의 아이폰을 선보이는 스티브 잡스 전 애플 CEO·2007년 1월 9일(AP = 연합뉴스)

2장. 생성AI는 산업을 어떻게 바꿀까

그 당시에 스티브잡스는 "오늘 혁신적인 제품을 3가지 선보이겠다"고 말했다. 터치 기능이 포함된 아이팟과 휴대전화, 그리고 인터넷 통신기기. 스티브 잡스는 "사실 이 세 가지 기기는 별개의 제품이 아니다"라며 "모든 것이 통합된 이 새로운 제품의 이름을 '아이폰'이라 할 것"이라고 말했다. 청중은 환호성을 지르며 박수를 보냈다. 지금 생각해 보아도 대단한 사람임에는 분명하다. 아주 간결한 메시지로 청중을 사로잡는다.

현재 챗GPT 하드웨어 형태로 되었다고 가정하자. 곧 나올 것이다. 를 스티브 잡스가 설명하면 어떻게 설명하게 될까? 아마 이렇게 되지 않을까? "오늘 혁신적인 제품 세 가지를 선보이겠다. 인간처럼 자연스러운 음성인식 기능이 포함된 스마트폰과 인공지능 그리고 엄청난 초고속 인터넷, 이 3가지는 별개의 것이 아니다. 모든 것이 통합된 이 제품을 아이챗이라고 할 것이다." 물론 가상이다.

알려졌다시피 '세상을 바꿀 혁신적인 기기'라는 평가에도 불구하고 아이폰은 100만 대 판매까지 74일이나 걸리는 등 예상보다 저조한 실적이 이어졌다. 변화는 하드웨어가 아닌 다른 곳에서 시작됐다. 아이폰 출시 1년 뒤인 2008년 7월 10일 앱스토어가 세상에 나온 것이다. 출시 당시 앱스토어가 어떤 것인지 제대로 이해하는 사람은 아무도 없었다. 휴대전화에 들어갈 프로그램을 제조사가 아닌 외부 개발사들이 만들어 시장에 내놓는다는 개념 자체가 생소했기 때문이다. 페이스북, 트위터, 인스타그램, 카카오톡 등 엄청난 파괴력을 지닌 앱이 세계 곳곳에서 등장하고 나서야 사람들은 비로소 새로운 시대가 시작됐다는 것을 깨달았다.

AI 모델별로 생태계가 만들어진다

결국은 생태계이다. 생성AI모델이 아이폰처럼 시장에 혁명으로 다가오기 위해서는 결국 생태계가 갖춰져야 한다. 그리고 그 가능성이 실제로 일어나고 있다.

오래전부터 인공지능 기업들이 자체 개발한 최신 기술을 오픈 응용프로그램인터페이스API로 공개하고 있다. 즉, 비전문기업이나 사람들도 인공지능 모델을 쉽게 개발할 수 있도록 도와주는 서비스형 API운영체제와 응용프로그램 사이 통신에 사용되는 언어나 메시지 형식가 제공되는 것이다. 예를 들어, 음성 데이터를 문자로 변환해주는 기술부터 혐오 표현 탐지, 가상 인간버추얼 휴먼 제작 등 다양한 최신 기술을 누구나 활용할 수 있도록 공개해 AI 생태계 활성화에 적극 나서고 있는 것이다.

지난 수십 년간 AI 기술은 패턴 인식, 머신러닝ML 및 예측을 수행하는 신경회로망딥러닝에 점점 더 의존해 왔다. 하지만 수십억 개의 매개 변수로 구성된 생성AI 모델, 거대 언어 모델LLM은 큰 비용이 들고 컴퓨팅 리소스가 매우 많이 필요해 현금 및 자원이 제한된 회사나 기업은 원하는 분야에 진입하기 어려웠다.

GPT3.5 또는 메타의 OPT-175B와 같은 숙련된 모델을 운영하려면 상당한 수의 GPU와 전문적인 하드웨어 투자가 필요하다. 소규모 조직에서는 LLM대규모 언어 모델 Large Language Model 학습에 필요한 자금을 확보할 수 있더라도 데이터 과학뿐 아니라 병렬 및 분산 컴퓨팅 전문 기술을 습득하기 어려운 경우가 많다. 그래서 나온 것들이 다양한 서비스형 AI이다.

서비스형 AIAIaaS는 사내에서 소프트웨어 솔루션을 실행하고 개발하기 위한 비용에서 보다 효율적인 옵션을 제공한다. AIaaS는 최종 사용자가 통합할 수 있는 로우 코드 툴코딩을 적게할 수 있는 도구과 API를 제공해 AI 기술의 접근성을 더욱 높일 수 있도록 한다. 디지털 혁신을 통해 증가하는 기대를 충족하도록 연결된 환경을 개발하기 위해 시스템을 통합하고 데이터를 통합하는 유연하면서도 효율적인 리소스와 툴이 반드시 필요하다.

언어모델 AI용 API는 유연성을 제공해 서비스의 자동화 및 효과적인 통합 전략을 통해 최종 사용자 환경을 개선하고 운영 비용과 개발 시간을 대폭 줄일 수 있다. 이러한 통합을 통해 조직의 핵심 제품이 될 수 있는 완전히 새로운 제품을 생산할 수 있고, 이전에 존재하지 않았던 서비스를 개발할 수 있는 앱 간의 새로운 기능을 생성할 수 있다.

오픈AI의 API 판매전략

챗GPT를 활용한 응용서비스를 개발하기 위해 응용프로그램 인터페이스API가 필요하다. 또한 오픈AI는 2023년 2월 챗GPT의 유료 버전인 '챗GPT 플러스'를 출시했다. 월 정액제 모델로 한 달 이용료가 20달러이다. 오픈AI는 챗GPT 등을 통해 2024년 매출이 10억 달러1조 2350억 원에 이를 것으로 예상한다.

오픈AI가 어떤 가격 정책을 펼치느냐에 따라 이를 이용하는 기업 등도 사업 방향에 영향을 미치게 되며, 직접 비즈니스 도메인에 있는 사람들은 자신의 비즈니스 관점에서 어떻게 대응할지 고민해야 한다. 즉, API를 사용하여 현재 비즈니스에 어떤 득과 실이 생길지 정말 심각한 검토를 하고 진행해야 한다.

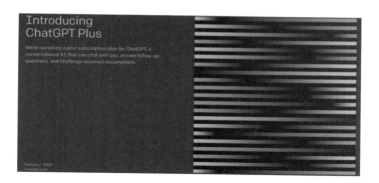

• 유료 요금제: 미국의 비영리 인공지능AI 연구소 오픈AI가 대화형 챗봇 '챗
GPT'의 유료 서비스를 출시했다. 오픈AI는 블로그를 통해 월 구독료 20달
러인 '챗GPT 플러스'를 시범 운영한다고 발표했다. 오픈AI는 챗GPT 플러
스 사용자가 몰리는 피크 시간대에도 서비스를 이용할 수 있으며 더욱 빠
른 응답을 받고 신기능과 서비스 개선 사항을 우선 사용할 수 있는 혜택
을 누릴 수 있다고 설명했다.

• 무료 요금제: 사용자들은 기존의 무료 서비스도 계속해서 사용할 수 있다.

아직까지 기업형태의 대용량 사용자들에 대한 구체적인 사용가격 플
랜이 나와 있지 않으나 GPT3의 플랜에 대해서 다시 살펴보자. GPT3는
애초부터 대용량 기업 사용자도 고려해서 요금제를 만들었고, 사용량에
따른 월정액 플랜으로 운영된다.

Explore	Create	Build	Scale
Free	$100/mo	$400/mo	Contact Us
100K tokens Or 3-month trial Whichever comes first	2M tokens/mo 8 cents per additional 1k tokens	10M tokens/mo 6 cents per additional 1k tokens	Connect with our team for access to pricing that fits your needs: support@openai.com
⊘ API Playground ⊘ Developer Slack	⊘ API Playground ⊘ Developer Slack ⊘ Priority Support	⊘ API Playground ⊘ Developer Slack ⊘ Priority Support	

　　요금 플랜을 보면, 결국 얼마만큼의 토큰을 사용하는 비즈니스냐에 따라서 나눠지게 되고, 대규모의 API사용자는 별도로 네고하여 사용하도록 되어있다.

팁: 토큰과 단어 어떤 차이?

토큰은 단어 조각이거나 하위 단어이다. NLP자연어 처리 세계에서는 알려지지 않은 단어를 처리하기 위해 토큰을 활용하는 것이 일반적이며 효율성도 향상된다.(하위 단어를 병합하여 더 많은 단어를 처리)

예를 들어 'lower'라는 단어는 'low', 'er'토큰으로 분해되고 'Descartes'라는 단어는 'Desc', 'art' 및 'es'토큰으로 분해되고, 'pear'와 같은 단어는 단일 토큰이다. 평균적으로 영어 텍스트에서 하나의 토큰은 약 4개의 영어글자이다. 일반적으로 입력 단어에서 더 많은 토큰이 생성된다.

참고로 셰익스피어의 전체 컬렉션은 90만 단어 또는 120만 토큰이고, 공식 오픈AI API 문서를 기반으로 프롬프트 길이에 대한 현재 제한은 2,048토큰이며, 단어로 변환되면 대략 1,500 단어가 된다.

가격을 세우는 정책에서 중요한 내용은 아래와 같다. 이것은 사용자가 얼마만큼의 요금을 예상하는가에 궁금증을 해소하는 데도 큰 도움이 된다. 즉, 어떻게 비용을 줄일 것인가의 문제이다.

1. 일반적인 토큰 대 단어 비율은 〈1.4: 토큰의 수〉로 토큰의 수가 단어 수보다 많다. 즉 단어를 쪼개면 토큰이 되는데, 쪼개고 나면 통상 개수로 40%가 늘어난다.

2. 평균적으로 1토큰은 영어 텍스트로 약 〈4자: 토큰〉으로 통상 4문자 정도 길이다.

3. 토큰은 입력 프롬프트와 예상 텍스트 모두에 대해 계산됨: 질문자만 토큰을 쓰는 게 아니라 답을 하는 내용도 토큰에 들어간다. 즉, 더 자세하고 긴 대답을 원하게 되는 경우 토큰의 수가 엄청 많이 사용됨.

4. 평균적으로 쿼리당 1,000개의 토큰이 소비: 사용자가 질문할 때 약 1,000개의 토큰이 사용된다. 질문과 답이 모두 포함된다. 즉, 한 번 사용 시 약 5센트의 비용이 든다. 〈1,000토큰* Create기준가격 (100$/2M)〉

5. 쿼리당 가격은 계층 및 과도한 사용량에 따라 4센트에서 8센트 사이: 아마 이 부분은 질문과 답이 길어지면 8센트까지 늘어날 것이다. 결국 비용측면에서는 원하는 답에 가장 효과적인 질문을 하는 것이다.

예를 들어보면, 만약 어떤 기업이 3주 동안 4억 개의 토큰을 사용하고 약 75만 개의 쿼리질문을 사용하면 월 4000달러 정도가 예상되는 것이다.

생성AI는 어떤 비즈니스
모델을 가질 수 있나

특히, 다양한 의료 AI 분야에서도 수익 창출을 위한 움직임이 본격적으로 일어날 것으로 예상된다. 업종별로는 의료 및 생명 과학 부문이 가장 높은 성장세를 기록할 것으로 보였다. 많은 양의 영상 데이터를 학습하고, 이를 바탕으로 영상을 분석해 의사의 진단을 보조하는 의료 AI는 현재 가장 빠르게 성장하는 분야 가운데 하나이다.

이미지 생성AI를 활용한 비즈니스 모델

GPT3와 유사하게 오픈AI는 DALL-E 2에 대한 크레딧 시스템을 도입했다. 크레딧은 새 이미지, 기존 이미지 편집 또는 생성된 이미지의 변형 생성에 대한 프롬프트^{이미지 생성 명령}에 해당하는데, 각 프롬프트는 최대 4개의 이미지를 생성하므로 한 달에 약 460개의 AI 생성 모티프가 생성되며 비용은 단돈 15달러로 되어있다.

	Cost	Credits	# of images
First Month	FREE	50	200
Every month After	FREE	15	60
Additional credit packs	$15	115	460

DALL-E 2 가격 (오픈AI)

단순 계산을 해보면,

115크레딧 x 4프롬프트당 이미지 = 460 이미지

15USD / 460이미지 = 이미지당 $0.032

이미지당 3센트, 한국 돈으로 13~14원이니 그렇게 비싸 보이지는 않는다. 그러나 이것을 대량으로, 특히 상업용으로 이용하려면 엄청난 비용이 수반될 수밖에 없다는 것을 알아야 한다. 물론 이것도 두 가지 관점으로 접근해야 하는데, 이미지 한 장에 13~14원으로 비싸 보이지 않지만, 사용자가 이미지 생성에 있어서 할 수 있는 것은 '텍스트로 입력된 프롬프트'뿐이라는 사실을 고려하면 합리적인 가격으로 보기는 힘들다는 주장이 제기되고 있다.

이미지 생성 비즈니스 모델로는 이미지나 프롬프트 판매 모델이 대표적이다. 이미지 생성AI 모델을 사용해 만든 모든 종류의 그래픽을 스톡 이미지 웹사이트나 온라인 마켓플레이스를 통해 온라인으로 판매하는 비즈니스가 나오고 있다.

비즈니스 모델 1: 이미지 판매－NFT까지

사진이나 그래픽을 판매하는 크리에이티브 마켓Creative Market, 엣시Etsy 와 같은 전자 상거래 웹사이트에 판매하거나 어도비 스톡Adobe Stock, 셔 터스톡Shutterstock, 아이스톡 포토iStock Photo와 같은 스톡 이미지 웹사이트 에 판매할 수 있고, 또는 자신의 웹사이트를 만들어 판매할 수도 있다.

캐릭터와 같은 주문형 인쇄 제품을 디자인한 다음 티스프링, 프린티 파이, 레드버블, 카페프레스 등 웹사이트에 업로드하여, 이들 웹사이트 에서 티셔츠, 머그, 포스터, 노트북 및 전화 케이스와 같은 다양한 제품 에 디자인을 인쇄해 판매할 때마다 수수료를 받을 수 있다.

AI가 생성한 아트워크를 필요한 기업이나 개인에게 직접 서비스로 판 매하는 것도 방법이다. 판매자의 기술을 과시하고 잠재 구매자에게 디 자인의 종류에 대한 아이디어를 포트폴리오로 만들면, 업워크Upwork, 피 버Fiverr와 같은 웹사이트에 그래픽 디자인 서비스 판매를 시작할 수 있다.

AI가 생성한 아트워크로 할 수 있는 다른 옵션은 NFT 컬렉션을 생성 하고 판매하는 것이다. NFT는 블록체인에 저장된 디지털 자산인데, 디 지털 아트에서 가상 세계에 이르기까지 무엇이든 표현할 수 있다. NFT 를 만들고 싶다면 이더리움과 같은 블록체인 플랫폼을 사용하여 마켓에 올려 판매가 가능하다. 물론 복제 등의 이슈는 별도로 처리해야 한다.

비즈니스 모델 2: 프롬프트 판매

특정 이미지를 생성하기 위해 달리2나 미드저니와 같은 AI 이미지 생 성기에 공급할 '텍스트 프롬프트'를 판매하는 시장이 형성되었다. 프롬프트는 생성하고자 하는 이미지를 설명하는 키워드, 장면의 중요한 요소, 배경 등 콘텐츠를 맞춤화하기 위해 필요한 설명 등을 모두 포함하고 있는데, 사용자가 단순히 '개'를 입력하면 프로그램은 다양한 이미지의 배열을 표시하지만, '개 초상화, 50mm 필름 카메라, 포토리얼리스틱'과 같이 보다 구체적인 항목을 입력하면 훨씬 더 일관된 결과가 생성되는 것이다.

'프롬프트베이스PromptBase'와 같은 마켓플레이스에서 프롬프트와 생성한 이미지를 업로드해 판매하고 판매할 때마다 소정의 수수료를 웹사이트에 지불하거나, 판매자가 자신의 웹사이트를 만들어 판매할 수도 있다. 이미지 생성AI로 최상의 결과를 얻을 수 있는 올바른 텍스트 프롬프트를 찾는 것은 그 자체로 과학이 되었고, 이제 이렇게 미세 조정된 문구를 판매하는 온라인 시장에서 '프롬프트 엔지니어prompt engineer'가 돈을 벌 수 있게 된 것이다.

또한, 반대로 어떤 이미지를 분석해 유사한 이미지를 만들 수 있는 텍스트 프롬프트를 생성해주는 AI 모델을 이용해 프롬프트를 판매할 수 있는데, 텍스트 명령어를 입력하면 이미지를 생성해주는 기존 이미지 생성AI와는 정반대의 기능을 하는 AI 모델이 되는 것이다. 궁극적으로 두 개의 생성AI모델이 이미지의 생성과 생성을 위한 프롬프트를 주고받으면서 계속 상호작용을 한다면 어떻게 될까?

비즈니스 모델3: 앱·서비스·제품 판매

단순히 이미지 생성AI가 생성하는 이미지나 프롬프트를 판매하는 대신 이미지 생성AI 모델을 앱에 쉽게 통합할 수 있도록 제공하는 API Application Programming Interface를 통해 새로운 앱, 서비스 또는 제품을 직접 구축하는 비즈니스가 활발해지고 있다.

마이크로소프트는 달리를 통합해 사용자가 전문적인 품질의 소셜 미디어 게시물, 초대장, 디지털 엽서, 그래픽 등을 만드는 데 도움이 되는 새로운 그래픽 디자인 앱 '디자이너 Designer'를 출시했고, 달리를 기반으로 하는 새로운 앱인 '이미지 크리에이터'를 '엣지'와 '빙'에 통합해 브라우저 창을 벗어나지 않고도 텍스트 프롬프트를 입력해 새로운 이미지를 얻을 수 있도록 했다.

패션 디자인 앱인 '카라 CALA'는 달리로 구동되는 새로운 AI 도구를 통해 자연스러운 텍스트 설명이나 업로드된 참조 이미지에서 새로운 디자인 아이디어를 생성할 수 있는 서비스를 만들었고, 사진 디자인 앱인 '믹스타일 Mixtiles'은 달리를 통합해 텍스트 설명과 스타일 지정을 통해 벽에 붙일 수 있는 프레임 사진을 생성하는 서비스를 하고 있다. 이런 API를 활용한 비즈니스는 현재 진행되는 비즈니스에 붙여서 활용된다는 장점이 있기 때문에, 아마도 2023년에 비즈니스 영역에서 API를 활용하여 지능화된 엄청난 서비스를 출시할 것이다.

이미지 생성AI 관련 비즈니스 모델

이미지 생성AI로 나올 수 있는 비즈니스 모델이나 수익 모델에 대한 관심이 높아질 수밖에 없다. 이미지 생성AI를 기존 비즈니스에 결합해 가치를 높일 수 있는 방법을 찾아보자. 이런 목표가 좀 더 현실적으로 다가오려면 질문자의 컨텍스트상황, Context에 대한 배경을 설명한 후에, 궁금한 내용을 디테일하게 물어보는 방식으로 해야 좋은 결과가 나오게 된다. 아래는 넓은 범위의 질문을 시작으로 해서 원하는 세부적인 질문으로 이어지게 하는 좋은 예와 챗GPT의 답이다. 3개의 질문과 답을 잘 비교해서 본다면 어떻게 이미지 생성비를 활용하면 좋은 결과를 얻을 수 있을지 알 수 있다.

초급 질문

DALL-E 2와 같은 이미지 생성형 AI를 활용한 비즈니스 5가지가 어떤 것이 있을까?

답변

DALL-E 2는 텍스트 설명에서 다양한 이미지를 생성할 수 있는 강력한 이미지 생성AI 시스템입니다. 다음은 DALL-E 2를 포함한 이미지 생성AI를 사용하여 운영을 개선하고 있는 5개 기업입니다.

1. OpenAI: OpenAI는 DALL-E 2를 개발한 조직이며 마케팅, 광고, 크리에이티브 산업을 포함한 다양한 응용 분야에 이 기술을 사용하고 있습니다. OpenAI는 다른 기업이나 개인에게 DALL-E 2를 제공할 계획을 발표하지 않았습니다.

2. 전자상거래 회사: 많은 전자상거래 회사에서 이미지 생성AI를 사용하여 제품 이미지를 만들고 있습니다. 온라인 상점. 이 기술은 아직 존재하지 않거나 개발

중인 제품의 사실적인 이미지를 생성할 수 있으므로 기업이 제품 사진 촬영에 드는 시간과 비용을 절약할 수 있습니다.

3. 인테리어 디자인 회사: 인테리어 디자인 회사 이미지 생성AI를 사용하여 제안된 룸 디자인의 사실적인 이미지를 생성하고 있습니다. 이 기술을 사용하여 디자이너는 여러 디자인 옵션을 빠르게 생성할 수 있으므로 고객이 디자인을 쉽게 시각화하고 선택할 수 있습니다.

4. 광고 대행사: 광고 대행사는 이미지 생성AI를 사용하고 있습니다. 고객의 캠페인을 위한 독특하고 눈길을 끄는 이미지를 만들 수 있습니다. 이 기술은 기존 방법으로는 생성하기 어렵거나 불가능한 이미지를 생성할 수 있으므로 에이전시는 고도로 맞춤화되고 매력적인 비주얼을 생성할 수 있습니다.

5. 게임 개발 스튜디오: 게임 개발 스튜디오는 이미지를 사용하고 있습니다. 현실적인 게임 환경과 캐릭터를 만들기 위해 AI를 생성합니다. 이 기술은 고품질의 상세한 이미지를 빠르게 생성할 수 있으므로 스튜디오에서 몰입형 게임 경험을 더 쉽게 만들 수 있습니다.

중급 질문

나는 화장품 온라인 쇼핑몰을 운영하고 있는 사람인데, 이런 내가 이런 이미지 생성형 AI로 돈 버는 방법 5가지만 알려줘.

답변

온라인 화장품 쇼핑몰의 소유자로서 이미지 생성AI 기술을 사용하여 비즈니스를 향상하고 잠재적으로 새로운 수익원을 창출할 수 있는 몇 가지 방법이 있습니다. 고려할 수 있는 5가지 방법은 다음과 같습니다.

1. 자동화된 제품 이미지 생성: 이미지 생성AI 기술을 사용하여 온라인 상점에 대한 제품 이미지를 자동으로 생성합니다. 이를 통해 기존 제품 사진 촬영에 드는 시간과 리소스를 절약하고 사이트에 새 제품을 빠르게 나열할 수 있습니다.

2. 맞춤형 메이크업: 이미지 생성AI 기술을 사용하여 고객에게 맞춤형 메이크업 룩을 만드는 도구. 고객은 자신의 사진을 업로드할 수 있으며 이 도구는 가상으로 시도할 수 있는 메이크업 룩을 생성할 수 있습니다. 이 서비스를 프리미엄 기능으로 제공하거나 상향 판매로 제공하여 평균 주문 가치를 높일 수 있습니다.

3. 맞춤형 제품 추천: 이미지 생성AI 기술을 사용하여 고객 사진을 분석하고 맞춤형 제품 추천. 예를 들어, 이 기술은 고객의 피부 유형, 색조 및 기타 특징을 식별하여 그들에게 가장 적합한 제품을 제안할 수 있습니다.

4. 소셜 미디어 마케팅: 이미지 생성AI 기술을 사용하여 소셜 미디어 마케팅 캠페인을 위한 독특하고 시각적으로 눈에 띄는 이미지를 만드십시오. 이렇게 하면 소셜 미디어 플랫폼에서 브랜드를 돋보이게 하고 참여 및 전환을 높일 수 있습니다.

5. 사용자 제작 콘텐츠: 고객이 제품을 사용하는 자신의 사진을 공유하고 사진을 포함하는 콜라주 또는 기타 콘텐츠를 자동으로 생성하는 이미지 생성AI 기술. 이를 통해 고객 참여 및 충성도를 높이는 동시에 마케팅 활동에 사용할 가치 있는 사용자 생성 콘텐츠를 제공할 수 있습니다.

고급 질문

나는 서울에서 화장품 온라인 쇼핑몰을 운영하고 있는 사람인데, 내가 취급하는 화장품은 주로 20대와 30대 여성을 대상으로 한 스킨 케어 제품을 많이 취급하고 있다. 서울 강남역 지하상가에 오프라인 매장을 하나 가지고 있는데, 코로나로 인해서 온라인 매출이 늘고 오프라인 매장의 매출은 많이 줄었다. 내가 화장품 온라인 쇼핑몰의 매출을 올리기 위해서 고민하고 있는데, 이미지 생성형 AI로 온라인 매출을 더 많이 올릴 수 있는 광고 및 마케팅 방법 5가지만 알려줘.

답변

이미지 생성AI를 사용하여 화장품 온라인 쇼핑몰의 온라인 판매를 늘리는 데 고려할 수 있는 5가지 광고 및 마케팅 방법은 다음과 같습니다.

1. 맞춤형 가상 메이크업 체험: 이미지 생성AI 기술을 사용하여 고객이 가상으로 메이크업 제품을 사용해 볼 수 있습니다. 고객 사진을 사용하여 고객이 시도할 수 있는 맞춤형 가상 메이크업 룩을 만들어 구매하기 전에 제품이 어떻게 보일지 시각화할 수 있습니다.

2. 맞춤형 스킨케어 추천: 이미지 생성AI 기술을 활용해 고객 사진을 분석해 개인 맞춤형 스킨케어 추천을 해줍니다. 이를 통해 고객은 특정 피부 유형과 고민에 맞는 제품을 찾을 수 있어 구매 가능성이 높아질 수 있습니다.

3. 소셜 미디어 인플루언서 캠페인: 소셜과 협력 이미지 생성AI 기술을 사용하여 제품의 특징이 시각적으로 눈에 띄는 이미지를 만들 수 있는 미디어 인플루언서. 인플루언서는 자신의 게시물에 제품을 선보일 수 있으므로 브랜드 인지도를 높이고 온라인 매장으로 트래픽을 유도할 수 있습니다.

4. 타겟 온라인 광고: 이미지 생성AI 기술을 사용하여 타겟 광고를 만듭니다. 귀하의 제품을 소개하는 온라인 광고. 예를 들어 이 기술을 사용하여 특정 인구통계 또는 관심사에 맞도록 시선을 사로잡는 시각 자료를 만들어 클릭률과 전환율을 높일 수 있습니다.

5. 대화형 제품 목록: 이미지 생성AI 기술을 사용하여 시각적으로 매력적인 방식으로 제품을 보여주는 대화형 제품 목록을 만듭니다. 예를 들어 고객이 다양한 각도에서 제품을 볼 수 있도록 360도 제품 이미지 또는 제품 비디오를 제작하여 정보에 입각한 구매 결정을 내릴 수 있습니다.

영역별 챗GPT의 비즈니스 모델들

1. 건강 의료 헬스케어 등

초기 알츠하이머병 환자 구별 능력 활용: 미국 드렉셀대학 Hualou Liang 교수 연구팀이 챗GPT 중 언어 모델인 'GPT3'를 이용해 치매 검사 시 사진을 설명하는 사람들의 오디오 클립을 분석하여 80% 정확도를 보이며 초기 알츠하이머병 환자를 선별했다. 추후에, 개인 정보 보호 등이 완전해지면 GPT3 시스템은 완전하게 작동할 수 있을 것이며, 향후 노인 커뮤니티에서 치매 문제를 완화하는 매우 좋은 기여를 할 것이다.

챗GPT는 이미 미국 의사면허시험USMLE을 통과하고 의학 논문도 집필했다. 학습한 데이터로 질병을 진단하는 'AI 의사'처럼 챗GPT가 환자를 상담하고 진단과 치료까지 하는 의료 전문가로 거듭날 것이 확실하다. 우리는 이미 이전에 아이비엠IBM의 왓슨Watson을 경험한 적이 있다. 대화형이 아니라 인터페이스의 한계가 분명히 있었지만, 이제는 쉽고 편한 인터페이스와 더 발달된 의학기술이 대화형 AI모델로 구현되었기 때문에 건강과 의료등의 서비스를 일반인들도 쉽고 편하게 받을 수 있게 된 것이다.

뿐만 아니라 디지털 치료제^{디지털 테라피스트}시장에서는 챗GPT와 같은 생성AI모델이 의약품이나 의료기기를 더 쉽고 안전하게 사용할 수 있는 안내서 역할을 할 것이다. 더 이상 의약품의 안내서를 보관하고 기억할 필요가 없이, 언제든지 필요할 때 챗GPT와 같은 서비스를 통해서 즉각적인 서비스를 받을 수 있는 것이다.

2. 재테크 투자 금융 자본시장

금융권에서는 챗GPT의 도입을 서두르고 있다. 생성AI모델을 통해서 스스로 상담을 진행하고 추론의 능력도 갖추고 있기 때문에 기존에 사용하던 챗봇시스템을 교체할 것으로 예상된다. 다만 시기적으로 아직은 충분한 기획이 되어있지 않다.

금융사들이 현재 하고 있는 서비스는 키워드 중심의 질의응답 시스템이다. 이제 이러한 서비스로는 고객들을 만족시킬 수 없다. 많은 사람들이 아직도 금융서비스를 인간 상담원을 통해서 처리하고 있는 이유이다. 챗GPT는 실제 인간과 구별하기 힘들 정도로 유사하다. 따라서 활용 가치가 매우 크고 기존의 업무 개선 및 대체 효과가 있을 것으로 보고 있다. 은행, 카드, 보험 등 금융사들의 대고객 서비스는 우선 대상일 것이다.

추가적으로, 보다 지능적인 대화형 AI 서비스를 위해서라면 내부에서의 다양한 투자 및 예측 플랫폼에도 적용할 수 있을 것으로 내다본다. 초거대 AI의 능력이라면 미래 가격 예측 시스템과 결합하여 빠르고 자연스러운 의사결정 보조도구로서의 역할도 기대된다.

3. 전자상거래 쇼핑 물류 등

온라인 쇼핑도 챗GPT가 큰 역할을 할 수 있는 영역이다. 쇼호스트의 역할을 대신하여 고객이 원하는 상품을 일대일 맞춤형으로 제안할 수 있게 한다. 챗GPT와 같은 인공지능 기반 대화형 상거래AI-powered conversational commerce가 2023년에 쇼핑을 혁신할 수 있으며, 일반 소매업에서까지 AI와 챗GPT의 활용도가 크게 늘어날 것이 분명하다. 이런 방법은 비단 소비자뿐만 아니라 업체들에게도 엄청난 변화와 혁신을 가져오게 될 것이다.

챗GPT같은 대화형 AI봇을 사용해 콜센터의 일상적인 업무를 줄이는 것은 물론이고, 친구같은 어조로 소비자에게 '광고'메시지를 전달하는 감성적인 접근이 가능하다는 점이 혁신으로 작용할 것이다. 쇼핑GPT가 나올 날이 멀지 않았다.

챗GPT는 물류 산업을 혁신한다. 챗GPT와 같은 언어 모델과 챗봇은 물류 산업을 혁신할 수 있는 잠재력을 가지고 있다. 즉각적이고 정확한 정보를 제공하고 커뮤니케이션을 간소화함으로써 챗GPT는 물류 회사가 효율성을 개선하고 고객 만족도를 높이며 사람의 개입을 최소화하고 비용을 절감하도록 도울 수 있다. 뿐만 아니라 배송추적 등 모니터링과 일상적인 작업을 자동화하고 주문 프로세스를 자동화하며, 결국 사용자의 모든 데이터를 분석해서 물류 운영에 대한 통찰력을 제공할 수 있다.

4. 음악 미술 등의 예술 장르

챗GPT는 시나 소설, 기사 등의 언어 능력뿐 아니라 음악 미술 등으로 창작 영역을 확대하고 있다. 이런 시도는 구글이 최근에 뮤직LM 개발과정을 소개하면서 공개했다. 즉 문자를 입력하면 어울리는 음악을 만들어 낸다. 장르와 악기를 가리지 않고 사용자의 요청에 따라서 30초 분량의 음원을 생성할 수 있다. 예를 들면 '추억에 남을 수 있는 부드러운 솔로 피아노 소리와 남성 솔로 가수의 음성을 담은 발라드 음악' 등의 언어로 묘사한 내용을 입력하면 AI가 이에 맞는 노래를 만들어준다. 구글의 뮤직LM은 단순한 멜로디가 아닌 장르와 스토리까지도 담을 수 있다. 이 뮤직LM은 28만 시간 분량의 음악데이터를 학습해 놓은 인공지능 모델을 쓰고 있다고 한다. 특히 저작권의 문제를 해소하면서 제작비용을 획기적으로 절감할 수 있기 때문에 인공지능을 이용한 음원 제작에 투자하고 있다.

이미 미술 분야는 일찌감치 생성AI모델이 자리를 크게 잡고 있다. 세계 현대미술의 중심지라고 불리는 모마MoMA도 AI가 만든 작품을 전시하기 시작하면서 AI를 예술로서 적극적으로 받아들이고 있다. 20세기 초 사진 작품이 처음 나왔을 때 많은 화가들이 충격에 휩싸였던 시절이 있었다. 붓과 물감으로 그리던 사람들이 사진을 봤을 때의 충격이 아마 지금의 화가들이 AI 작품을 보고 느끼는 감정일 수 있겠다.

5. 공공 정부 행정 서비스 등

챗GPT의 출시는 정부의 공공 안전 행정 등의 서비스에도 큰 영향을 미치고 있다. 한국 정부도 이러한 흐름에 발맞춰 챗GPT와 같은 초거대 AI육성을 위한 기반 마련뿐 아니라, AI의 일상화 프로젝트를 본격적으로 추진한다고 한다.

즉 민생해결 중심 'AI 일상화'를 위해 '독거노인 AI 돌봄로봇 지원' 소상공인 AI 로봇·콜센터 도입, '공공병원 의료 AI 적용' 등 후보 과제를 선정하여 수요를 창출할 계획이며, AI의 적용 영역을 행정뿐 아니라 입법과 사법 영역으로도 확대할 계획이라고 한다.

다만 공공 부분은 한 국가의 데이터 정책을 총괄하고 운영하는 조직이다 보니, 국민의 안전과 보안을 위한 정책을 정해야 한다. 공공데이터의 개방과 활용, 특히 챗GPT와 같은 AGI모델에 데이터가 노출되었을 때의 부작용도 동시에 고려되어야 할 것이다. 이를 위해 법과 제도적인 준비가 선행되어야 할 것이다.

6. 가전 자동차 반도체 화학 등 거대 제조 생산 산업들

가전 자동차 반도체 화학 등의 업종에 어떻게 챗GPT를 응용할 것인가는 각 대기업 임원부터 매우 큰 고민들을 하고 있다. 확실한 것은 엄청나게 관심을 갖고 적용 분야를 찾고 있다는 것이다.

제조업에서의 AI적용은 첨단 기술과 데이터 분석을 통합해 생산 공정을 최적화하는 일종의 산업 설비인 '스마트 팩토리'라는 용어로 많이 쓰이고 있었다. 스마트 팩토리의 목표는 제조 공정에서 높은 수준의 맞춤

2장. 생성AI는 산업을 어떻게 바꿀까

화, 민첩성 및 효율성을 달성하는 동시에 비용을 절감하고 고객 경험을 향상시키는 것이다. 빅데이터를 수집하고 분석함으로써 실시간의 의사 결정 및 생산 공정의 성능과 품질을 개선하고 시장의 요구에 신속하게 대응하는 것이다.

가장 빠른 적용 분야는 바로 언어적 활용가치가 높은 분야인데, 공정에서 주로 사용하는 매뉴얼과 사용법 그리고 품질관리 및 생산관리 등 많은 부분 언어로 되어 있는 것이 챗GPT를 통해서 지식화되고 빠른 검색 및 질의응답 해주는 플랫폼으로 변경될 것이다. 아직도 많은 제조 공정에서는 인간이 직접 관리 감독 및 대응 처리하는 부분이 많고, 모든 지식을 관리자나 현업의 종사자들이 알고 있지 못하는 상태에서 대응하기 위해서 상급자나 또 다른 동료를 의지하게 되는 경우가 많다. 이런 경우에 챗GPT가 매우 중요한 역할을 할 것으로 기대된다.

특별히 가전 등을 생산하는 업체들은 챗GPT를 직접 생산에 사용하는 것뿐만 아니라 고객과의 소통을 위한 기능으로서 API를 연결하여 데이터를 수집하고 빠르게 응답하는 서비스를 내재화하려는 시도를 할 것이다. 초연결 시대에 인간이 대응하는 다양한 업무를 챗GPT에게 연결함으로써 보다 좋은 서비스를 고객에게 제공하려고 시도할 것이다.

챗GPT 시대의 새로운 비즈니스 모델

챗GPT에게 새롭게 만들어질 수 있는 비즈니스 모델과 각 모델에 따른 사례들을 한 가지씩 알려달라고 질문해 보았다.

질문1

헬스케어 분야에서 챗GPT를 활용하여 새롭게 만들어 질 수 있는 비즈니스모델 5가지와 각 모델에 따른 사례들을 한 가지씩 알려줘.

답변

물론입니다. 각 모델에 대한 하나의 사례와 함께 챗GPT를 사용하여 생성할 수 있는 의료 분야의 5가지 비즈니스 모델은 다음과 같습니다.

1. 원격의료 상담 플랫폼: 원격 의료, 원격 의료 상담 플랫폼을 만드는 것은 수익성 있는 비즈니스 모델이 될 수 있습니다. 이 플랫폼은 가상 상담을 통해 환자를 의료 제공자와 연결하여 집에서 편안하게 의료 조언, 진단 및 치료를 받을 수 있도록 합니다. 이 플랫폼은 또한 챗GPT를 통합하여 개인화된 의료 권장 사항을 제공하고 환자가 자신의 건강 상태를 더 잘 이해하도록 도울 수 있습니다. 원격의료 상담 플랫폼의 한 사례는 Teladoc Health로, 가상 상담을 위해 면허가 있는 의사 그리고 치료사 및 행동 건강 전문가와 환자를 연결합니다.

2. Medication Adherence App: 비순응 약물은 건강 관리에서 중요한 문제로 건강 결과가 좋지 않고 의료 비용이 증가합니다. 환자에게 약을 복용하도록 상기시키고, 약 사용을 추적하고, 환자의 상태에 대한 교육 콘텐츠를 제공하는 복약 이행도 앱을 만들면 의료 비용을 줄일 수 있습니다. 이 앱은 또한 챗GPT를 통합하여 약물에 대한 환자의 질문에 답하고 개인화된 권장 사항을 제공할 수 있습니다. 복약 이행도 앱의 한 사례는 Medisafe로 환자에게 약물 복용 알림을

보내고 진행 상황을 추적합니다.

3. 웨어러블 건강 모니터링 장치: 웨어러블 건강 모니터링 장치는 환자를 추적할 수 있습니다. 활력 징후, 신체 활동 및 기타 건강 지표를 제공하고 의료 제공자에게 실시간 피드백을 제공합니다. 이 기술은 환자가 만성 질환을 관리하고 의료 제공자가 환자의 건강을 원격으로 모니터링할 수 있도록 지원합니다. 장치는 또한 챗GPT를 통합하여 개인화된 권장 사항을 제공하고 환자가 자신의 건강 데이터를 이해하도록 도울 수 있습니다. 웨어러블 건강 모니터링 장치의 한 예는 사용자의 심박수, 신체 활동 및 기타 건강 메트릭을 추적하는 Apple Watch입니다.

4. 맞춤형 영양 및 피트니스 계획: 영양 및 피트니스는 건강을 유지하는 데 중요한 역할을 합니다. 환자의 고유한 건강 프로필, 목표 및 라이프스타일을 기반으로 개인화된 영양 및 피트니스 계획을 제공하는 비즈니스를 만드는 것은 수익성 있는 비즈니스 모델이 될 수 있습니다. 계획은 환자의 건강 데이터를 분석하고 개인화된 추천을 제공할 수 있는 챗GPT의 도움으로 개발될 수 있습니다. 개인화된 영양 및 피트니스 계획 비즈니스의 한 사례는 사용자에게 건강 데이터를 기반으로 개인화된 식사 계획 및 피트니스 추천을 제공하는 Noom입니다.

5. 의료 데이터 분석 플랫폼: 매일 생성되는 방대한 양의 의료 데이터를 분석하고 실행 가능한 통찰력을 제공할 수 있는 의료 데이터 분석 플랫폼을 만드는 것이 수익성 있는 비즈니스 모델이 될 수 있습니다. 이 플랫폼은 챗GPT를 사용

하여 잠재적인 건강 문제 예측 및 예방 조치 권장과 같은 환자 데이터 분석을 기반으로 개인화된 권장 사항을 제공할 수 있습니다. 의료 데이터 분석 플랫폼의 한 사례는 고급 분석을 사용하여 의료 데이터를 분석하고 의료 기관에 통찰력을 제공하는 Komodo Health입니다.

질문2

투자와 금융 분야에서 챗GPT를 활용하여 새롭게 만들어질 수 있는 비즈니스모델 5가지와 각 모델에 따른 사례들을 한 가지씩 알려줘.

답변

다음은 투자 및 금융 분야에서 챗GPT를 사용하여 새로 생성할 수 있는 5가지 비즈니스 모델과 각 모델에 대한 사례입니다.

1. 자동 투자 플랫폼: 자동 투자 플랫폼은 다음을 수행할 수 있습니다. 챗GPT를 사용하여 개인의 재무 목표, 위험 허용 범위 및 투자 범위를 기반으로 개인화된 투자 권장 사항을 제공합니다. 플랫폼은 또한 기계 학습 알고리즘을 사용하여 투자 포트폴리오를 지속적으로 조정함으로써 수익을 극대화할 수 있습니다. 자동화된 투자 플랫폼의 한 사례는 알고리즘과 인간 고문의 조합을 사용하여 고객을 위한 투자 포트폴리오를 만들고 관리하는 Betterment입니다.

2. 거래 알고리즘 개발: 거래 알고리즘은 시장 데이터를 분석하고 사전 설정된 규칙에 따라 거래를 실행하는 데 사용됩니다. 챗GPT는 새로운 거래 알고리즘

을 개발하거나 대량의 데이터를 분석하고 성능 향상을 위한 개인화된 권장 사항을 제공하여 기존 거래 알고리즘을 최적화하는 데 사용할 수 있습니다. 거래 알고리즘을 개발하는 회사의 한 사례는 커뮤니티 기반 접근 방식을 사용하여 새로운 거래 전략을 만들고 테스트하는 Quantopian입니다.

3. 금융 교육 플랫폼: 금융 교육은 개인이 정보에 입각한 투자 결정을 내릴 수 있도록 합니다. 챗GPT를 사용하여 개인의 금융 지식, 관심사 및 목표에 따라 맞춤형 교육 콘텐츠를 제공하는 금융 교육 플랫폼은 수익성 있는 비즈니스 모델이 될 수 있습니다. 이 플랫폼은 재무 계획 및 투자 관리 서비스도 제공할 수 있습니다. 금융 교육 플랫폼의 한 사례는 Investopedia로, 개인의 금융 이해력을 향상시키는 데 도움이 되는 교육 콘텐츠와 금융 도구를 제공합니다.

4. 위험 관리 컨설팅: 챗GPT를 사용하여 고객의 투자 포트폴리오에서 잠재적 위험을 분석하고 식별하는 컨설팅 회사는 수익성 있는 비즈니스 모델이 될 수 있습니다. 회사는 또한 위험을 줄이고 포트폴리오의 성능을 최적화하기 위한 권장 사항을 제공할 수 있습니다. 위험 관리 컨설팅 회사의 한 사례는 다양한 산업 분야의 고객에게 위험 관리 및 보험 솔루션을 제공하는 Aon입니다.

5. 신용 점수 플랫폼: 신용 점수는 대출 기관의 필수 도구입니다. 차용인의 신용도를 평가하기 위해 챗GPT를 사용하여 차용인의 재무 데이터, 신용 기록 및 기타 요소를 분석하여 개인화된 신용 점수 및 권장 사항을 제공하는 신용 점수 플랫폼은 수익성 있는 비즈니스 모델이 될 수 있습니다. 이 플랫폼은 신용 모니

터링 및 재무 계획 서비스도 제공할 수 있습니다. 신용점수 플랫폼의 대표적인 사례가 신용점수 향상을 위한 무료 신용점수와 개인 맞춤형 추천을 제공하는 Credit Karma입니다.

질문3

온라인 쇼핑 분야에서 챗GPT를 활용하여 새롭게 만들어 질 수 있는 비즈니스 모델 5가지와 각 모델에 따른 사례들을 한 가지씩 알려줘.

답변

다음은 온라인 쇼핑 분야에서 챗GPT를 사용하여 새로 생성할 수 있는 5가지 비즈니스 모델과 각 모델에 대한 사례입니다.

1. 맞춤형 쇼핑 추천: 개인의 검색 및 구매 기록은 판매 및 고객 충성도를 높이는 데 도움이 될 수 있습니다. 챗GPT를 사용하여 개인의 쇼핑 행동을 분석하고 개인화된 제품 추천을 제공하는 비즈니스는 수익성 있는 비즈니스 모델이 될 수 있습니다. 개인화된 쇼핑 추천을 사용하는 비즈니스의 한 사례는 기계 학습 알고리즘을 사용하여 고객 데이터를 분석하고 개인화된 제품 추천을 제공하는 Amazon입니다.

2. 가상 스타일링 및 개인 쇼핑: 가상 챗GPT를 활용하여 개인의 취향, 체형, 예산에 따른 맞춤형 스타일링 추천을 제공하는 스타일링 및 퍼스널 쇼핑 서비스는 수익성 있는 비즈니스 모델이 될 수 있습니다. 이 서비스는 가상 체험 도구

2장. 생성AI는 산업을 어떻게 바꿀까

와 개인화된 쇼핑 지원을 제공하여 개인이 올바른 제품을 찾는 데 도움을 줄 수 있습니다. 가상 스타일링 및 개인 쇼핑 서비스의 한 사례는 데이터 과학과 휴먼 스타일리스트의 조합을 사용하여 고객에게 개인화된 스타일링 권장 사항을 제공하는 Stitch Fix입니다.

3. 챗봇 고객 지원: 챗봇을 사용하여 즉각적인 고객 지원을 제공하고 온라인 쇼핑 경험을 향상시킬 수 있습니다. 챗GPT를 사용하여 고객 문의에 답변하고, 제품을 추천하고, 개인화된 쇼핑 지원을 제공할 수 있는 챗봇을 만드는 비즈니스는 수익성 있는 비즈니스 모델이 될 수 있습니다. 챗봇 고객지원을 활용한 기업의 사례 중 하나가 챗봇을 활용해 개인 맞춤형 뷰티 추천을 제공하고 고객 문의에 답변하는 세포라입니다.

4. 상품 설명 및 리뷰 생성: 고품질 제품 설명과 리뷰는 온라인 쇼핑에 필수적입니다. 챗GPT를 사용하여 제품 설명 및 리뷰를 생성하는 비즈니스는 온라인 쇼핑 경험을 개선하고 판매를 늘리는 데 도움이 될 수 있습니다. 비즈니스는 머신러닝 알고리즘을 사용하여 고객 피드백을 분석하고 제품 품질을 개선할 수도 있습니다. 제품 설명 및 리뷰 생성을 사용하는 비즈니스의 한 예로 자연어 처리 및 기계 학습을 사용하여 제품 리뷰를 생성하고 고객 피드백을 분석하는 Revuze가 있습니다.

5. 가격 추적 및 비교: 온라인 쇼핑객은 종종 구매하기 전에 최고의 거래 및 할인을 찾습니다. 챗GPT를 사용하여 가격을 추적하고 여러 소매업체의 제품 가

격을 비교하는 비즈니스는 고객이 최고의 거래를 찾고 소매업체의 매출을 늘리는 데 도움을 줄 수 있습니다. 비즈니스는 가격 기록을 기반으로 개인화된 가격 알림 및 제품 권장 사항을 제공할 수도 있습니다. 가격 추적 및 비교를 사용하는 비즈니스의 한 사례는 브라우저 확장 및 기계 학습 알고리즘을 사용하여 가격을 추적하고 사용자를 위한 최상의 거래를 찾는 Honey입니다.

질문4

예술 분야에서 챗GPT를 활용하여 새롭게 만들어질 수 있는 비즈니스모델 5가지와 각 모델에 따른 사례들을 한 가지씩 알려줘.

답변챗GPT가 네 가지만 답함

다음은 예술 분야에서 챗GPT를 사용하여 새로 생성할 수 있는 5가지 비즈니스 모델과 각 모델에 대한 사례입니다. 예술적 취향, 예산 및 공간은 예술 판매 및 고객 만족도를 높이는 데 도움이 될 수 있습니다. 챗GPT를 사용하여 개인의 예술 선호도를 분석하고 개인화된 예술 작품 추천을 제공하는 비즈니스는 수익성 있는 비즈니스 모델이 될 수 있습니다. 개인화된 예술 작품 추천을 사용하는 비즈니스의 한 사례는 기계 학습 알고리즘을 사용하여 사용자 데이터를 분석하고 개인화된 예술 작품 추천을 제공하는 Artsy입니다.

1. 가상 예술 전시회: 가상 예술 전시회는 예술의 접근성을 높이고 예술 애호가에게 독특한 경험을 제공하는 데 도움이 됩니다. 챗GPT를 사용하여 개인화된 오디오 가이드, 인터랙티브 전시회 및 기타 기능을 제공하는 가상 예술 전시회

를 만드는 비즈니스는 수익성 있는 비즈니스 모델이 될 수 있습니다. 기업은 갤러리 및 예술가와 협력하여 작품을 선보일 수도 있습니다. 가상 예술 전시회를 제공하는 비즈니스의 한 사례는 전 세계 박물관과 갤러리의 가상 전시를 특징으로 하는 Google Arts & Culture입니다.

2. AI 생성 예술: AI 생성 예술은 인기를 얻고 있는 새롭고 흥미로운 분야입니다. 챗GPT를 사용하여 AI로 생성된 아트를 만드는 비즈니스는 고객에게 독특하고 혁신적인 제품을 제공할 수 있습니다. 기업은 또한 고객이 AI로 생성한 예술 작품을 만들 수 있도록 사용자 지정 옵션을 제공할 수 있습니다. AI로 생성된 예술을 사용하는 비즈니스의 한 사례는 기계 학습 알고리즘을 사용하여 3D 예술 모델을 생성하는 Artomatix입니다.

3. 예술 투자 펀드: 예술 투자 펀드는 개인이 투자할 수 있도록 합니다. 예술에서 잠재적으로 투자 수익을 얻습니다. 챗GPT를 사용하여 미술 시장 데이터를 분석하고 개인화된 투자 추천을 제공하는 비즈니스는 수익성 있는 비즈니스 모델이 될 수 있습니다. 기업은 또한 투자자가 예술 포트폴리오를 관리할 수 있도록 예술 관리 서비스를 제공할 수 있습니다. 예술 투자 자금을 제공하는 기업의 한 사례는 투자자가 유명 예술 작품의 주식을 살 수 있는 Masterworks입니다.

4. 미술 교육 및 훈련: 미술 교육 및 훈련은 개인의 발전을 도울 수 있습니다. 그들의 예술적 기술과 예술계에서의 경력을 발전시킵니다. 챗GPT를 사용하여 개인화된 예술 교육 및 훈련 프로그램을 제공하는 비즈니스는 수익성 있는 비

즈니스 모델이 될 수 있습니다. 비즈니스는 또한 개인이 예술계에서 성공할 수 있도록 멘토링 및 네트워킹 기회를 제공할 수 있습니다. 예술 교육 및 훈련을 제공하는 비즈니스의 한 사례는 페인팅, 드로잉, 사진 등 다양한 예술 관련 주제에 대한 온라인 과정을 제공하는 Skillshare입니다.

질문5

공공 서비스 분야에서 챗GPT를 활용하여 새롭게 만들어질 수 있는 비즈니스모델 5가지와 각 모델에 따른 사례들을 한 가지씩 알려줘.

답변

다음은 공공 서비스 분야에서 챗GPT를 사용하여 새로 만들 수 있는 5가지 비즈니스 모델과 각 모델에 대한 사례입니다.

1. 가상 정신 건강 서비스: 가상 정신 건강 서비스가 도움이 될 수 있습니다. 정신 건강 관리에 대한 접근성을 높이고 환자 결과를 개선합니다. 챗GPT를 사용하여 상담, 치료 및 약물 관리를 포함한 가상 정신 건강 서비스를 제공하는 비즈니스는 수익성 있는 비즈니스 모델이 될 수 있습니다. 이 회사는 또한 개인화된 치료 계획과 원격 모니터링을 제공하여 환자가 정신 건강을 관리하는 데 도움을 줄 수 있습니다. 가상 정신 건강 서비스를 제공하는 기업의 한 사례는 개인과 기업에 온라인 치료 및 상담 서비스를 제공하는 Talkspace입니다.

2. 지능형 교통 관리 시스템: 지능형 교통 관리 시스템 챗GPT를 사용하여 트

래픽 데이터를 분석하고 실시간 트래픽 업데이트를 제공하는 앱은 트래픽 흐름을 개선하고 혼잡을 줄이는 데 도움이 될 수 있습니다. 이 시스템은 또한 운전자가 교통 체증을 피할 수 있도록 개인화된 내비게이션 및 경로 추천을 제공할 수 있습니다. 지능형 교통 관리 시스템의 한 가지 사례는 크라우드소싱 데이터와 머신러닝 알고리즘을 사용하여 실시간 교통 정보 업데이트와 개인화된 내비게이션 추천을 제공하는 Waze입니다.

3. 챗봇 정부 서비스: 챗봇 사회 서비스, 의료 및 공공 안전 등 다양한 정부 서비스의 즉각적인 지원 및 정보를 제공하는 데 사용할 수 있습니다. 챗GPT를 사용하여 시민 문의에 응답하고 개인화된 권장 사항을 제공하며 정부 서비스를 지원하는 챗봇을 만드는 비즈니스는 수익성 있는 비즈니스 모델이 될 수 있습니다. 챗봇 정부 서비스를 사용하는 기업의 한 사례는 정부 챗봇 및 기타 자동화 서비스의 디렉토리를 제공하는 US Digital Registry입니다.

4. AI 기반 비상 대응: AI- 전력 비상 대응 시스템은 비상 대응 시간을 개선하고 생명을 구하는 데 도움이 될 수 있습니다. 챗GPT를 사용하여 비상 대응 데이터를 분석하고 비상 대응자를 위하여 개인화된 권장 사항을 제공하는 비즈니스는 수익성 있는 비즈니스 모델이 될 수 있습니다. 이 시스템은 또한 실시간 업데이트 및 알림을 제공하여 비상 시 시민들이 안전하게 지낼 수 있도록 도와줍니다. AI 기반 비상 대응 시스템의 한 사례는 기계 학습 알고리즘을 사용하여 비상 대응 데이터를 분석하고 비상 대응자와 시민에게 실시간 업데이트를 제공하는 RapidSOS입니다.

5. 스마트 도시 관리: 챗GPT를 사용하여 도시 데이터를 분석하고 시 공무원에게 개인화된 권장 사항을 제공하는 스마트 도시 관리 시스템은 도시 서비스 및 인프라를 개선하는 데 도움이 될 수 있습니다. 이 시스템은 또한 기상 경보, 교통 업데이트 및 공공 안전 정보를 포함하여 시민에게 실시간 업데이트 및 알림을 제공할 수 있습니다. 스마트 도시 관리 시스템의 한 사례는 머신러닝 알고리즘을 사용하여 도시 데이터를 분석하고 주차, 교통 및 공공 안전에 대한 실시간 업데이트를 제공하는 CityIQ입니다.

빈부격차 보다
더 무서운
'챗GPT' 격차

—

3장. 챗GPT가 바꿀 부의 지도

챗GPT는 어떤 직업군을
어떻게 바꿀까

우리는 그동안 4차 산업혁명 속에서 살아왔고, 특히 그중에서 AI가 가져오게 될 삶과 직업의 변화에 대해서 많은 고민을 해 왔었다. IT정보기술의 혁명 속에서 몇 번의 충격은 있었지만, 챗GPT와 같은 충격은 없었다. 왜냐하면 이전까지 인간의 창의성을 송두리째 도전 받은 적은 없었기 때문이다. 챗GPT가 인간의 삶과 직업에 어떠한 변화를 가져오기에 산업계는 다들 흥분하고 긴장하는가.

AI는 정보기술 혁명 중에서도 최첨단에 위치해 있다. IoT, 빅데이터, 초고속통신, 클라우드 등 모든 하드웨어와 소프트웨어 그리고 통신기술은 결국 AI를 위해서 존재한다고 해도 과언이 아니다. AI는 그간 우리의 삶을 조금씩 조금씩 오래전부터 침투해 왔고, 변화시켜 왔다. 무엇인가 큰 충격에 대비해서 인간을 미리 준비시켜온 것처럼 말이다.

법률, 의료, 경영컨설팅, 출판, 미디어, 교육, 예술, 의류 산업 등 챗GPT가 어떤 직업군을 어떻게 바꿀 것인지 알아볼 필요가 있다. 아래는 AI가 우리 삶에 미치는 영향과 직업별 역할 수행에 대한 조사 결과*이다. 조사기간은 2020년 1월부터 2021년 3월까지이다. 2020년과 2021년의 변화도뿐 아니라 전반적인 사람들의 AI에 대한 생각을 읽어볼 수 있겠다.

AI, 로봇 등 4차 산업혁명이 불러올 사회와 직업의 변화

1. 인공지능 기술 발전에 대한 체감을 묻는 질문에는 3분의 1 이상이 체감하고 있다고 답을 했다. 2023년에는 더욱 체감하고 있다는 답이 많아질 것이다.

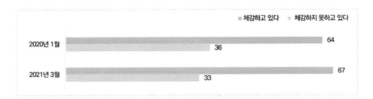

2. 10명 중 8명은 인공지능 기술 발전이 개인 삶과 우리 사회에 긍정적이라 느끼고 있다.

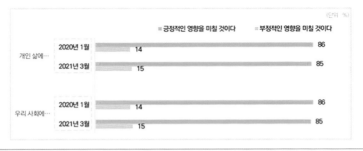

*[기획] 인공지능(AI)이 우리 사회에 미치는 영향과 직업별 역할 수행
『여론 속의 여론』 2021년 5월 6일

3. 인공지능 기술 발전으로 생활의 편리성 및 삶의 질 증대가 65%로
가장 기대되는 부분이었다.

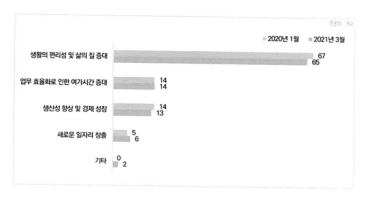

4. 인공지능 기술 발전으로 인해 일자리 감소가 가장 우려39%된다고
여기는데, 이는 추후 사회적인 문제가 될 소지가 많을 것이다. 일자리는
당장 서민들의 생계가 달린 문제이다. 인공지능 때문에 일자리가 감소한
다면, 특히 노령인구가 늘어나고 있는 상황이라면 문제가 더욱 심각해
질 수 있다.

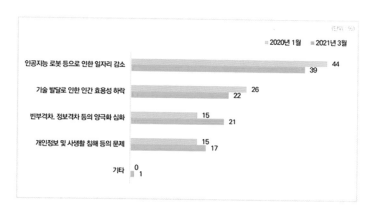

5. 인공지능과 인간이 동일한 직업을 갖고 있다면, 둘 중에 누가 더 역할을 잘 수행할 수 있을 것 같습니까? 라는 질문에 아래와 같은 답이 나왔다고 한다.

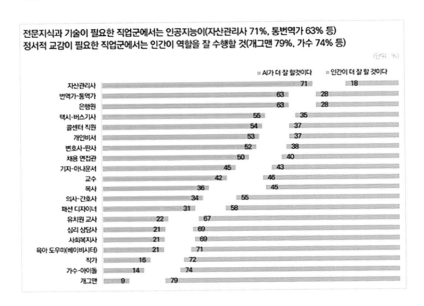

결국 AI가 더 잘하는 분야는 축적된 지식에 의존하는 직업들이 많으며, 인간이 더 잘할 것이라 생각하는 직업들을 보면 주로 감성이나 창의성 등이 필요한 직업들임을 알 수 있다. 물론 각 직업별로도 세분해서 보면 심리상담사 같은 경우에 일부분을 인공지능이 대체할 수도 있는 부분이 있다. 직업이 더욱 세분화되고 다양해지면서 인공지능이 잘하는 분야와 인간이 잘하는 분야가 극명하게 나누어질 것 같다.

그러면 챗GPT는 위에서 나온 직업들에 대해서 어떻게 생각할까? 챗GPT가 대체가능한 정도와 생각을 직접 챗GPT에게 물어보았다.

질문내용:

자산관리사, 번역가, 은행원, 택시기사, 버스기사, 콜센터 직원, 개인비서, 변호사, 판사, 채용면접관, 기자, 아나운서, 교수, 목사, 의사, 간호사, 패션디자이너, 유치원교사, 심리상담사, 사회복지사, 육아도우미, 작가, 가수, 아이돌, 개그맨 등 총 25가지 인간의 직업을 골랐다. 이 직업을 AI가 대신한다고 할 때 AI가 대체 수 있는 정도를 1부터 100까지의 숫자로 나타내 보라.

> **MI** 자산관리사 번역가 은행원 택시기사 버스기사 콜센터직원 개인비서 변호사 판사 채용면접관 기자 아나운서 교수 목사 의사 간호사 패션디자이너 유치원교사 심리상담사 사회복지사 육아도우미 작가 가수 아이돌 개그맨 총 25개의 인간의 직업이 있다. 이 직업을 AI가 대신한다고 할 때, 이 직업들 AI가 대체 할 수 있는 정도를 1부터 100까지의 숫자로 나타내 주세요.

> AI가 인간의 직업을 대체할 정도는 각 직업에 따라 다릅니다. 아직 AI가 완벽하게 인간의 직업을 대체할 수 있는 것은 아니지만, 각 직업의 특성에 따라 다음과 같이 평가할 수 있습니다:
>
> 1. 자산관리사: 40-50
> 2. 번역가: 60-70
> 3. 은행원: 30-40
> 4. 택시기사: 20-30
> 5. 버스기사: 20-30
> 6. 콜센터직원: 30-40
> 7. 개인비서: 30-40
> 8. 변호사: 40-50
> 9. 판사: 40-50
> 10. 채용면접관: 40-50
> 11. 기자: 50-60
> 12. 아나운서: 50-60
> 13. 교수: 50-60
> 14. 목사: 60-70
> 15. 의사: 60-70
> 16. 간호사: 60-70
> 17. 패션디자이너: 40-50
> 18. 유치원교사: 50-60
> 19. 심리상담사: 60-70
> 20. 사회복지사: 50-60
> 21. 육아도우미: 30-40
> 22. 작가: 40-50
> 23. 가수: 40-50
> 24. 아이돌: 30-40
> 25. 개그맨: 40-50
>
> 위의 숫자는 대략적인 가이드라인이며, 향후 AI 기술이 발전함에 따라 변화할 수 있습니다.

3장. 챗GPT가 바꿀 부의 지도

MI 그렇다면, 이 직업들을 chatGPT가 대체 할 수 있는 정도를 1-100까지 숫자로 나타내 주세요

1. 자산관리사: 30-40
2. 번역가: 80-90
3. 은행원: 30-40
4. 택시기사: 0
5. 버스기사: 0
6. 콜센터직원: 50-60
7. 개인비서: 30-40
8. 변호사: 40-50
9. 판사: 40-50
10. 채용면접관: 50-60
11. 기자: 60-70
12. 아나운서: 60-70
13. 교수: 50-60
14. 목사: 50-60
15. 의사: 0
16. 간호사: 0
17. 패션디자이너: 20-30
18. 유치원교사: 30-40
19. 심리상담사: 50-60
20. 사회복지사: 50-60
21. 육아도우미: 20-30
22. 작가: 60-70
23. 가수: 20-30
24. 아이돌: 20-30
25. 개그맨: 50-60

이 정도는 현재 AI가 지원하는 기술의 발전 수준에 따라 달라질 수 있습니다. 또한, 직업의 복잡도에 따라 정확도가 달라질 수도 있습니다. 이 평가는 개별적인 사례에 대한 것이며, 공식적인 측정 기준은 아닙니다.

　　넓은 의미에서 챗GPT와 같은 생성AI모델들이 보편적으로 많이 보급되고 사용된다면 아래 그림에서 보듯이 예전에는 인공지능의 대체 가능성이 낮은 직업들한국 고용정보원 발표 조차도 이제 사라질 위기에 처한 것은 분명하다. 특히 창조적인 영역이라고 생각되었던 직업들이 앞으로는 단순한 창조력만 가지고 살아남기 힘들어진다. 인간만이 가지고 있는 영역으로 더욱 깊게 들어가든지 아니면 다른 직업을 찾아야 할 것이다. 사라질 직업이라고 해도 단순하고 반복적인 작업들로 이루어진 일이 아

니라 인간만이 가진 창조적이고 상상력이 높은 영역의 일들은 당분간은 없어지지 않을 것이다.

생성AI 등장으로 사라질 직업들

2016년 한국고용정보원이 꼽은 인공지능 대체 가능성 낮은 직업	▶	2023년 생성AI 등장 후 전망
1위 화가 및 조각가	▶	달리2(Dall-E2)·미드저니·오픈아트 등 이미지 생성AI로 대체 가능
2위 사진작가 및 사진사	▶	현실 사진 촬영은 대체 불가 사진 합성은 가능
3위 작가 및 관련 전문가	▶	챗GPT 등 텍스트 생성AI로 대체 가능
4위 지휘자·작곡가 및 연주가	▶	스플래쉬·무버트 등 음악 생성AI로 일부 대체 가능
5위 애니메이터 및 만화가	▶	달리2(Dall-E2)·미드저니·오픈아트 등 이미지 생성AI로 대체 가능

기술적 실업이 일반화된다

AI와 챗GPT의 도입은 사람들을 일터에서 추방하고 개인적으로 기존에 가지고 있던 경험과 역량을 발휘하기 힘들게 하기 때문에 사회적으로 매우 큰 이슈가 될 것이다. 이렇게 기술적인 진보와 발전에 따라서 일어나는 필연적인 실업을 기술적 실업Technological Unemployment 이라고 하며, 대표적인 기술 인자가 바로 인공지능이다.

직종이 거의 사라진 경우를 보면, 전화 교환원, 버스 안내원, 활판 인쇄공, 극장 간판 화가 등이 이미 없어진 경우이고, 예를 들어 캐셔, 은행

창구직원, 전업성우 등도 없어지고 있다. 각 경우 어떤 기술적인 인자가 있었는지 살펴본다.

전업성우(專業声優): 2020년 이후 딥러닝 기반의 AI 기술 발달로 인해 국어책 읽기 식이 아닌, 맥락, 발성, 감정, 상황을 고려한 AI 성우 프로그램이 등장하여 해설 분야를 조금씩 점유해 나가는 중이다.

캐셔: 스마트폰, 신용카드, 체크카드 등의 광범위한 보급으로 음식점, 노래방, PC방, 마트나 편의점, 백화점 점원 등에서 볼 수 있듯이, 캐셔 대신 자동판매기나 키오스크로 대체된다. 다만 키오스크의 등장으로 고령층과 시각장애인의 이용 문턱이 높아져 키오스크가 설치된 매장에서 젊은 사람과 비장애인에게 부탁하는 경우가 많아져 일종의 사회적 약자에 대한 배려 문제가 대두되고 있다.

은행 텔러: 2010년대 중반 들어 인터넷, 모바일 뱅킹 및 비대면 계좌개설의 발달로 창구 거래는 65세 이상 고령층 대상 및 예·적금, 송금, 환전 그리고 상대적으로 민감한 거래인 대출 정도에서나 최소 인력으로 유지된다고 한다.

결국 이러한 기술적 실업은 필연적인 현상이다. 이것은 다시 사회적인 양극화를 일으켜 소외계층의 삶을 더욱 힘들게 할 수 있다는 의견도 나온다. 없어지는 일자리도 있지만 신기술로 다시 만들어지는 새로운 일자리로 재교육하여 재취업시키는 방법을 많이 사용하게 될 것이다.

챗GPT는 현재 직업을 가지고 있는 직장인들에게도 큰 영향을 주고 있다. 특히 사무직, 엔지니어직 및 전문직 등 모든 분야의 직장인들이 챗GPT가 범용화된다면 직장을 잃을지도 모른다는 불안감을 느끼고 있다. 특히 가장 불안한 직장인 중 한 분야는 초급의 단순 사무직에 근무하는 분들이다. 예를 들어 현재 일하고 있는 분야에서 다루고 있는 문서를 요약하고 비교하며 설명하고 정리하는 능력은 챗GPT를 따라갈 수가 없다. 본인이 하고 있는 업무를 구체적으로 지시해서 챗GPT에게 시켜보면 바로 느껴진다. 애써 외면하면서 쓰지 않으려고 하는 사람도 한 번 써보면 긴장감을 가질 수밖에 없다.

프로그래머의 영역이라고 하는 코딩과 같은 개발 분야에서도 비슷하다. 예전에는 코딩과 네트워크 등의 정보를 찾으려면 구글이나 네이버 등을 전전해서 공부해야 했는데, 챗GPT는 쉽고 빠르고 정리된 형태의 답을 알려준다. 개발자들의 생산성이 매우 향상될 것이다. 동시에 이런 경우 조직 내에서 초급 프로그래머의 역할이 축소될 수밖에 없을 것이다. 전문직의 영역에서도 큰 변화를 가져올 가능성이 많다. 의사 변호사 회계사 등 전문적인 영역의 지식과 경험이 필요한 분야에서 챗GPT가 일부 역할을 하고 있다. 인간과 비교해서 경험적인 부분은 많이 부족하지만 지식적인 부분과 분야를 넘나들어서 융합하는 부분은 훨씬 뛰어난 능력을 발휘한다. 디테일이 보강되고 인간들에게 축적된 경험도 어느 정도 갖추게 된다면 전문적인 영역에서도 상당한 성과를 낼 것이라고 예상한다.

물론 챗GPT에게 분명한 한계는 있다. 최신의 기술과 지식을 습득하기 위해서는 학습해야 한다. 그러나, 최첨단의 지식과 창조의 영역에 있는 인간들을 잘 도와주는 역할로서는 매우 뛰어난 성능을 발휘할 것이며 인간이 더 많은 가치를 창조할 분야에 집중하게 하는 데 도움을 줄 것이다.

챗GPT 시대에
새로 등장하거나
유망해질 직업군

챗GPT 시대에 새로 등장할 유망한 직업군은, 아직 챗GPT가 등장한 지 얼마 되지 않아서 예측하기가 쉽지는 않다. 지금까지 나온 몇 가지 직업 사례를 살펴보겠다. 특히 생성AI분야를 포함해서 일반 인공지능AGI 이라고 일컬어지는 영역에 걸쳐서 새로운 직업군들이 나오고 기존에 없었던 새로운 직종이 생길 것이라고 예상된다.

특히, 그 직업들은 IT기반일 것이고, 인공지능이 인간을 대체하면서 생겨나는 여러 가지 부대 서비스 및 인간과 기계의 상호작용을 좀 더 원활하게 하는 직업이 될 것이다. 더 나아가서는 인공지능과 인간 사이에 발생하는 문제나 법적 이슈를 해결하는 별도의 직종이 생겨날 것이다.

1. 프롬프트 엔지니어

이 직업도 아직 익숙하지 않지만 점점 각광을 받고 있다. 특정한 인공
지능에 따라서 특정 문구나 텍스트를 생성해주는 직업이다. 즉 텍스트
입력·콘텐츠 출력이미지, 음악, 웹툰, 동영상, 글 등을 만들어주는 관계에서 사용
자가 원하는 만큼 출력이 나오게 하려면 텍스트 입력을 어떻게 해야 하
는지 엔지니어링을 해주게 된다.

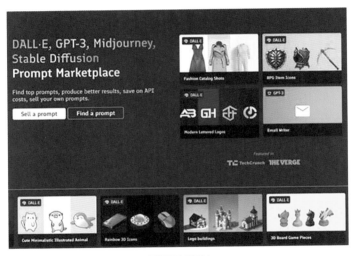

프롬프트 베이스

달리2(DALL-E 2), 스테이블디퓨전(Stable Diffusion), 미드저니(Midjourney) 등 이
미지 생성AI에 입력하면 예측이 가능한 이미지를 얻을 수 있는 프롬프
트를 사고파는 프롬프트베이스(PromptBase) 사이트. 프롬프트베이스 사이
트에 전시된 이미지를 구경한 뒤 마음에 드는 이미지가 있으면 프롬프
트를 1.99~5달러에 구매한 뒤 이를 이미지 생성AI에 입력하면 같은 이

미지를 얻을 수 있다.

예를 들어 2022년 6월 프롬프트를 만들어 출력물과 함께 팔거나 이를 구매할 수 있는 사이트 '프롬프트 베이스'가 등장하기도 했다. 실제로 프롬프트와 생성된 이미지를 보면 그 프롬프트를 만들기 위한 노력을 알 수 있다.

〈프롬프트Stable Diffusion 사례 및 출력 이미지〉

• 프롬프트:

젊고, 창백하고, 야만인, 매력적인, 친근한, 평상복, 유쾌한, 복잡하고, 화려한, 여자, 날카로운 녹색 눈, 금색 앙크 목걸이 착용, 여자의 숙명, 누보, 선별된 컬렉션, 애니 레보비츠, 니콘의 활기찬 전문 스튜디오 초상화 사진, 수상 경력, 아슬아슬한, 획기적인, 뛰어난, 렌즈 컬처 초상화 상, 포토샵, 극적인 조명, 8k, 고해상도 -testp -ar 3:4 -upbeat

• 출력이미지:

2. 디지털^{게임} 에셋 창작자

챗GPT와 같은 생성AI모델을 활용하여 디지털 에셋 창작이라는 영역이 새로운 직업으로 등장했다. 메타버스, NFT, Web3.0의 시대에 점점 AI기술을 통해서 디지털 에셋이 자산^{에셋}으로 각광을 받고 있는 시대다 보니, 점점 그 생산성과 효율성을 위한 창작자들의 도구로써 생성AI모델을 활용하고 있다. 생성AI모델은 메타버스 내의 다양한 측면에서, 기본적으로는 아바타와 같은 캐릭터, 그리고 다양한 메타버스 내의 콘텐츠 도구로써 활용되고 있다. 특히 이와 같이 생성AI의 3D하드웨어 가속을 위한 기술 개발이 많아지고 있으며, 칩과 메모리 등 반도체 업체의 역할이 증대되고 있다. 이미지, 텍스트, 숫자와 같은 데이터에서 풍부하고 다양한 기하학적 디테일과 질감으로 3D 모양을 생성하는 모델 등이 최근 많이 출시되고 있다.

오른쪽 그림은 에셋 스토어 중에서 가장 많이 알려져 있는 유니티 Unity 에셋스토어의 모습이다. 이런 종류의 스토어 중에서 가장 다양하고 많은 상품이 있는 에셋 마켓플레이스이다. 이런 에셋 스토어는 게임 창작자뿐 아니라 멀티버스를 제작하고 그 안에서 사용되는 다양한 콘텐츠 에셋을 만드는 영역으로 확장되고 있다. 생성형 AI를 활용하면 이러한 에셋들이 더욱 풍부해지고 저렴해지며 창작자들의 상상력이 커지는 데 도움을 줄 것이다.

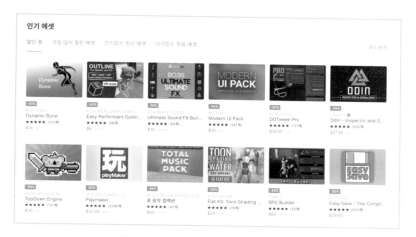

에셋 마켓플레이스 (유니티Unity 에셋스토어)

유니티Unity 에셋 스토어

에셋의 종류도 더 이상 2D, 3D이미지에 국한되지 않는 것 같다. 생성 AI모델을 활용한 음악은 AI음악이라는 이름으로 많이 알려져 있고, 이미 서비스되고 있는 분야이다. 간단한 샘플과 사전설정 데이터만 제공하면 다양한 음악을 만들 수 있게 한다. 특히 광고, 비디오 게임 및 영화를 위한 감동적인 사운드트랙을 만드는 데 많은 전문 지식을 학습하고 있고, 중요하게는 라이선스 프로세스를 거치지 않고도 음악을 만들 수 있다는 것이다. 현재는 음악을 전문적으로 작곡하는 사람들의 보조 도구로도 많이 활용되고 있는데, 궁극적으로는 인간의 감성과 희망 등을 입력하여 인간처럼 작곡하는 과정을 가지게 될 날도 올 것이다.

텍스트를 동영상으로 만들어주는 프로그램도 많이 사용되고 있다. 온라인 트래픽의 80%이상이 동영상이며 텍스트나 이미지보다 훨씬 더 선호도가 높은 콘텐츠 타입이다. 이런 동영상을 생성형 AI가 만들게 됨으로써 훨씬 시간과 비용을 줄일 수 있는 시대가 온 것이다. 이런 생성 AI모델은 텍스트를 동영상으로 만들기도 하고, 특정한 영역이나 특정한 아바타를 기준으로 하여 동영상을 만들 수 있다. 미리 만들어 놓은 템플릿라이브러리을 제공하여 더 쉽고 빠르게 만들 수 있는 기능도 있다. 이러한 생성AI모델을 다루어서 디지털 에셋 창작자가 새로운 마켓 플레이스를 만든다면, 미래의 확실한 직업으로 자리 잡게 될 것이다.

3. 생성AI모델 감별사

생성AI의 기술과 관련된 시장이 커지면서, 실제로 AI가 만든 것인지 아니면 진짜 사람이 만든 것인지를 구별해주는 직업이 생겨날 것이다. 컴퓨터가 만들어질 때 가장 기본적인 설계를 한 사람은 바론 앨런 튜링Alan Turing이다. 컴퓨터계의 노벨상을 '튜링 어워드'*라고 하며, ACMAssociation for Computing Machinery, 계산기협회에서 컴퓨터과학전산학 분야에 업적을 남긴 사람에게 매년 시상하는 상이다.

이런 위대한 컴퓨터과학자 앨런 튜링이 제안한 것으로 '이미테이션 게임'이라고도 불리는 실험이 있는데, 기계가 인간과 얼마나 비슷하게 대화할 수 있는지를 기준으로 기계에 지능이 있는지를 판별하는 내용이다. 이런 실험을 행하고 결과물을 만들어 낼 생성AI 모델 감별사가 많이 필요해질 것이다. 이런 실험 내용은 1950년 앨런 튜링이 맨체스터 대학

---

*튜링 어워드: ACM 연례 회의에서 시상식을 하는데 여기서 수상자가 기념 강연을 하는 것이 관례이다. 현대 컴퓨터과학의 아버지라 불리는 앨런 튜링의 이름을 따서, 1966년 제정되었다. 2018 제프리 힌튼, 요슈아 벤지오, 얀 르쿤 등 3명이 딥러닝 연구의 업적에 따라 튜링상을 수상했다.

교에서 연구원으로 재직하고 있던 시절, 대학 연구팀과의 연구 중에 기고한 '계산 기계와 지성Computing Machinery and Intelligence'이라는 제목의 학술서에 게시되었다.

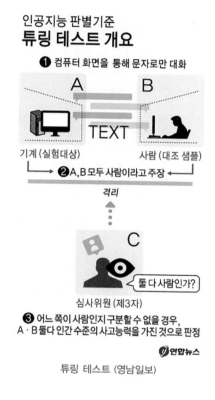

튜링 테스트 (영남일보)

4. 데이터 분석가, 데이터 과학자, 의사과학자

데이터 분석가는 기업이 더 나은 비즈니스 결정을 할 수 있도록 돕는 일을 한다. 올바른 의사 결정을 위해 가설 및 목표를 수립하고 데이터에서 가설을 증명할 만한 유용한 인사이트를 도출한다. 데이터 전 처리 및 가공을 위해 챗GPT, 달리2와 같은 쉽고 편한 대화형 인공지능 툴을 잘 다루어야만 하고 데이터 추출을 위해서도 다양한 생성형AI를 활용하게 된다. 그리고 가공한 데이터를 바탕으로 의사 결정을 위한 최종 결론을 도출한다. 이를 효과적으로 시각화하기 위하여, 이미지나 동영상을 생성형 AI로 제작하는 등의 데이터 분석을 위하여 다양한 업무를 하게 될 것이다.

데이터 과학자는 수집한 데이터에서 패턴, 추세를 발견하여 비즈니스를 예측하고 성장시키는 일을 한다. 정부나 기업이 다루는 관련 데이터는 굉장히 다양하고 방대한데, 데이터 과학자는 이렇게 엄청난 양의 데이터를 구조화하고 분석하여 그 속에서 인사이트를 발견하는 직업이다.

데이터 과학자는 데이터 분석가와 인사이트를 도출한다는 면에서는 비슷하지만, 데이터 과학자들은 데이터 분석에 더하여 생성형 AI를 보다 적극적으로 활용하는 방법을 추가로 넣어 일부는 좋은 생성AI를 선택하는 역할까지 수행하기도 한다. 데이터 분석영역보다는 더욱더 넓은 범위를 커버하게 된다. 미래에는 업무에 따라 AI 엔지니어, 데이터 분석가 등으로 점점 더 분화되는 추세가 될 것이다.

최근에 의학분야에서 세분화된 직업인 의사과학자가 미래의 각광받는 직업으로 조명 받고 있다. 의사과학자는 의사이면서 과학자로서 충분한 훈련을 받은 연구자를 말한다. 기초과학과 임상, 두 영역에 대한 지식과 경험을 균형 있게 갖춘 전문가로서 신약 개발이나 바이오 분야의 혁신을 선도할 것으로 기대된다. 근래 25년 간 노벨 생리의학상 수상자의 37%, 상위 10개 제약회사 대표 과학책임자의 70%가 의사과학자이다. 화이자와 모더나에서 코로나19 백신 개발을 주도한 사람들도 모두 의사과학자이다. 미래의 의사과학자는 챗GPT와 같은 AI모델을 잘 사용하면서 전문성을 가진 영역을 개척하는 의학 분야 최고의 직업이 될 것이다.

챗GPT는 그러면 튜링 테스트를 통과했을까? 우선 결과론으로만 보면 통과했다고 할 수 있다. 튜링 테스트가 컴퓨터가 인간과 얼마나 비슷한지를 보는 것이라면 글쓰기 분야에서 기계가 작성한 것인지 모를 정도로 뛰어난 것만 보더라도 통과한 것이다. 그렇다면, 역으로 챗GPT를 인간과 구별하여 감별할 수 없다는 이야기인데 모순일 수 있다.

최근 챗GPT가 쓴 글을 감별하는 서비스가 등장했다. 이를 통해서 표절을 잡아낼 수 있게 되었는데, 오픈AI는 얼마 전 공식 블로그에서 AI 텍스트를 자동 탐지할 수 있는 앱 '클래시파이어classifier' 베타버전을 공개했다. 이 앱은 동일한 주제에 대해 사람이 쓴 텍스트와 AI가 쓴 텍스트 데이터 세트를 동시에 훈련받았다. 각각의 특징에 기반해 누가 텍스트를 작성했는지 구분할 수 있다는 것이다. 다만 오픈AI는 앱의 정확도를 공개하진 않았다.

이번 베타버전은 텍스트 분량이 1천 자를 넘을 경우에만 정확한 수치를 제시할 수 있다. 1천 자 미만이면 사용자가 텍스트를 교묘하게 편집해 분류기를 속일 수 있기 때문에 결과 신뢰성이 떨어진다고 한다. 학계가 우려했던 표절 같은 문제를 해결하기 위해 이 앱을 만들었는데, 챗GPT 기능과 한계를 논하기 위해 교육자들과 협력하며 AI 텍스트 감지 작업을 지속한다고 한다. 그렇지만 분명히 챗GPT도 더 많은 학습을 할 것이고, 1천 자가 넘는 글에 대해서도 구별하기 힘들 수 있다. 그리고 튜링 테스트가 커튼 뒤에 있는 것이 기계인지 사람인지 알아내는 능력이라고 한다면, 글 쓰는 것만 보면 기계인지 사람인지 알 수 있는 방법은 아마도 특별한 훈련을 받은 감별사라는 직업이 나와야 할 것 같다. 더 넓은 의미에서 생성AI라는 분야가 점점 더 많이 쓰이게 되면서, 이런 모델을 쓴 결과인지 아닌지 판단하는 직업이 분명히 생길 것이다.

사라지지 않을 직업은 무엇인가*

소극적으로 보면 미래에도 사라지지 않을 직업에 대한 연구가 많이 진행되고 있다. 전 산업적으로 일어나는 인공지능의 발전에 따라 미래 일자리가 어떤 것이 될지 관심이 많아지는데, 인공지능이 많은 직업을 대체하고 패러다임을 바꿀 것으로 예상된다. 그럼에도 사라지지 않을 직업들 10가지가 제시되고 있다.

1. 레크리에이션 테라피스트(Recreational Therapists)
2. 기계공, 수리공, 시공업자(First-Line Supervisors of Mechanics, Installers, and Repairers)
3. 위기관리 전문가(Emergency Management Directors)
4. 정신보건 사회복지사(Mental Health and Substance Abuse Social Workers)
5. 청각 훈련사(Audiologists)

---

*의사도 위태롭다?···2023년 '생성AI' 등장 후 사라질 직업들 (머니투데이 2023년 1월 29일)

6. 작업치료사(Occupational Therapists)

7. 치기공사, 의지보조기 기술자(Orthotists and Prosthetists)

8. 의료 사회복지사(Healthcare Social Workers)

9. 구강 외과의(Oral and Maxillofacial Surgeons)

10. 소방관(First-Line Supervisors of Fire Fighting and Prevention Workers)

인간 감성의 영역을 지원하는 직업이나 사람을 돌보는 직업은 기계가 대체하기 어려울 수 있다. 이와 더불어 협상이나 설득 능력 등 대면해서 직접 언어적인 기술을 기반으로 한 직무들도 AI 시대에서 살아남을 수 있을 것으로 예상된다. 기술 혁신을 주도할 수 있는 기계 관련 직군, 건강과 치료와 관련된 의료직, 사회 복지와 정신건강 관련 직군 또한 높은 수요를 보일 것 같다. 인공지능은 아무리 학습이 많이 이루어지더라도 상상력이 요구되는 고차원적인 창의성을 구현하기 어렵기 때문에, 창의성과 전문성을 요구하는 직종들은 아직 대체하기 어려울 것이다.

챗GPT시대
어떤 기업이 뜰까

생각해보라. 인터넷이 나오고 스마트폰 시대가 되면서, 미국을 대표하는 주식 종목의 서열이 모두 바뀌었다. 스마트폰에 들어가는 어플 몇가지가 전 산업의 흐름을 바꾸었고, '돈벌이'하는 생태계도 서서히 무섭게 바뀌었다. 쉽게 SNS만 생각해봐도 누구는 인플루언서가 되어서 여론을 휘어잡는다. 인플루언서의 추천을 받아야 트렌드에 올라타는 상품이 된다. 그것이 스마트폰이 없었다면 상상할 수나 있는 일인가. 이 정도는 표면으로 떠오른 현상들 중에 하나일 뿐이고, 기술적인 배경의 산업들은 일반인이 직접 접근하지 않는 분야지만 주식시장의 대마로 자리 잡은 지 오래이다. 그렇다면 챗GPT는 어떤가? 아마 엄청난 산업의 변화를 가져올 것이고 그에 따라 또다시 주식시장의 빠른 변화를 만들어 갈 것이 분명하다. 그래서 직접 소비자와 연결되는 산업뿐만 아니라 AI생태계 전반을 이해하는 노력이 필요하다.

생성AI모델, 일반인공지능AGI 생태계

챗GPT의 기술은 무엇이고 어떤 분야와 연관되어 있는가? 인프라 및 하드웨어, 콘텐츠 소프트웨어 등을 깊이 있게 고민하기 전에 우선해야 할 일은 챗GPT를 포함한 새롭게 뜨고 있는 생성형 AI 산업의 생태계를 이해하는 것이다. 생태계란 쉽게 말하면 참여한 주체들이 먹고 사는 문제를 해결하는 상태를 말한다. 생태계 참여자들이 오랫동안 참여하여 생존하고 생태계가 커진다면 그것은 생태의 탄생부터 안정화 단계까지 일어난 것이고 앞으로 생태계가 발전되고 유지될 수 있는 상황이 된 것이라고 볼 수 있다.

생성형 AI강인공지능 생태계

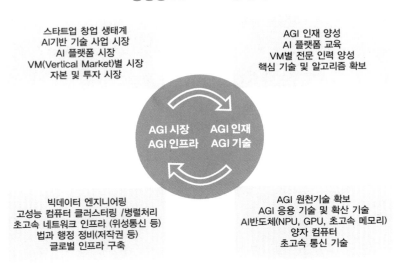

스타트업 창업 생태계
AI기반 기술 사업 시장
AI 플랫폼 시장
VM(Vertical Market)별 시장
자본 및 투자 시장

AGI 인재 양성
AI 플랫폼 교육
VM별 전문 인력 양성
핵심 기술 및 알고리즘 확보

AGI 시장
AGI 인프라
AGI 인재
AGI 기술

빅데이터 엔지니어링
고성능 컴퓨터 클러스터링 /병렬처리
초고속 네트워크 인프라 (위성통신 등)
법과 행정 정비(저작권 등)
글로벌 인프라 구축

AGI 원천기술 확보
AGI 응용 기술 및 확산 기술
AI반도체(NPU, GPU, 초고속 메모리)
양자 컴퓨터
초고속 통신 기술

AGI일반 인공지능에서 국가든 회사든 생존력을 높이고 경쟁력을 갖추기 위해서 가장 중요한 것은 AI인력일 것이다. 인재는 하루아침에 만들어지는 것이 아니다. 지속적이고 오랜 투자로 양성되는 것이다. 그리고 이러한 인재들이 바로 AGI의 원천적 핵심 기술을 발명해 낸다. 여기에는 단순히 알고리즘뿐 아니라 응용 기술, 확산 기술, 그리고 반도체 핵심 기술, 양자컴퓨터 및 초고속 통신 기술 등이 복합적으로 확보되어야 한다.

이러한 기술은 AGI인프라를 위해서 사용된다. 기존의 빅데이터 인프라에 더해서 AGI기술은 더 많은 데이터가 필요하며 더 정교한 인프라가 갖춰져야 한다. 엔지니어링을 통해서 고성능 컴퓨터 클러스터링, 병렬처리 및 클라우드 인프라 등이다. 무엇보다도 빠른 초고속망을 위한 통신 인프라도 중요하다. 법과 행정적인 것, 저작권 같은 문제도 인프라에서 해결되어야 할 것이다. 이러한 인프라를 통해서 시장이 만들어지고 성장하게 된다. 초기의 스타트업 생태계와 기반기술 산업, 그리고 거대 AGI 플랫폼 시장과 이를 통해서 파생되는 VM vertical market별 세부시장 등으로 분화된다. 시장에서 선택된 AI 비즈니스는 더 많은 부가가치 생산을 통해서 부를 창출하고 새로운 기술을 만들기 위해서 인재 양성에 재투자될 것이다.

AGI 산업 생태계

AGI생태계를 산업적 관점에서 해석해 볼 필요가 있다. AI기술은 이제 챗GPT와 같은 강인공지능 기술로 급부상함에 따라서 AGI가 엄청나게 GDP에 기여하는 속도나 규모가 커질 것으로 예상된다. 챗GPT와 같은 강인공지능은 다른 분야에 급속히 확산되며, 지속적으로 빠른 속도로 개선되고, 혁신을 유발하여 경제에 엄청난 파급효과를 일으키게 된다.

이런 효과로 인해 구글, 마이크로소프트, 아이비엠 등의 글로벌 기업들은 예전부터 AI 플랫폼을 구축하고 AI를 산업화하여 경쟁력과 지속가능성을 높인 'AI생태계' 구축을 차세대 비전으로 생각하고 추진해 왔다. 그동안 AI플랫폼을 위한 알고리즘, 프로세싱 파워 등의 자원, 그리고 제일 중요한 빅데이터 구축 등에 투자해 왔고, 다양한 응용 및 활용 사례 발굴을 통해서 AI를 기술이 아닌 산업의 확실한 영역으로 만들었다.

챗GPT는 그 산업화에 마지막 방점을 찍었다고 할 수 있다. 그간에 AI 산업은 개별 도메인에서만 일어났다고 하면 챗GPT를 통해서 산업의 전 영역에 AI산업화가 이루어진 것이다.

기존 인공지능 생태계 모델

수요시장

교통	제조
스마트 교통 자율주행차 고장 예측 배송 최적화 관제 시스템	예측 유지보수 품질점검 재고 최적화

	금융
	로보어드바이저 신용평가 사기거래 탐지

유통	의료
가상 고객지원 유통 경로 최적화 고객 관계 관리 동적 가격 협상	의료영상진단 건강 어드바이저 정밀 의약 처방

AI 플랫폼

수요공급 매칭	개방형 경진대회
산업 데이터	고성능 연산자원

해외진출 지원	AI+X 대형과제
규제개선	인력양성

공급시장

도구	
음성엔진	대화엔진
시각엔진	추천

인프라	
GPU	데이터
규제	인력

챗GPT 산업 생태계 모델

수요시장	생성AI 모델 플랫폼	공급시장
기존 기업(VM마켓) 수요시장 + 일반 사용자용 시장 콘텐츠 자산 시장 데이터 시장	생성AI기술 빅데이터 인프라(GPU/NPU+메모리+통신) 인재, 보안, 규제(법), 저작권, 글로벌 언어	도구 공급 대화형 언어 엔진 프롬프트 엔지니어 인프라 공급 GPU+NUP+메모리 통신 빅데이터

위 그림은 기존의 AI산업 생태계의 변화를 나타낸다. 가장 큰 차이는 AI플랫폼의 변화이다. 통상 AI플랫폼의 3대 요소는 알고리즘과 컴퓨팅 자원 그리고 빅데이터이다. 챗GPT가 나오기 전과 후를 아래의 표로 비교해 보자.

구분	챗GPT 이전	챗GPT 이후 변화 방향
알고리즘	딥러닝 이후에 기술의 진보와 진화로 정확도 증가 비정형데이터(이미지, 영상, 소리 등)의 처리 능력 강화	생성AI알고리즘과 대용량 파라미터 증대 GPT3.5 → GPT4로 발전 인간과 같은 자연어(언어) 인터페이스로 편리함이 강점
컴퓨팅 자원 (프로세서 및 메모리, 초고속 통신)	GPU(Graphic Processing Unit)를 활용한 병렬 데이터를 처리하는 컴퓨팅 성능 향상 병렬처리 프로세서 및 알고리즘 향상	메모리 집적도 향상 NPU(뉴럴 프로세싱 유닛)적용 양자컴퓨터, 위성통신 등 더 빠른 처리속도 와 더 많은 데이터 저장 능력 그리고 위성통신을 통한 속도증대
빅데이터	인터넷, 스마트 폰, IoT 센서 등을 통해 생성되는 데이터 양이 급격히 증가하여 AI가 학습에 활용할 수 있는 충분한 데이터 확보 가능	증가하는 데이터의 양이 비교할 수 없을 정도로 빠르게 증가. 생성AI를 통한 데이터 생성이 더욱 가속화

챗GPT가 나온 후에 AI플랫폼은 확실히 변하고 있다. 이에 따라서 AI 관련 산업들이 요동치고 있는 것이다.

챗GPT의 관련 산업을 핵심 AI플랫폼과 수요시장 그리고 공급시장으로 나누어서 관련 산업을 분류해 보자.

분야	관련산업	기업의 예상 전략 (챗GPT와 관련)	관련 기업들
생성AI 플랫폼	생성AI 핵심 기술 개발 및 연구 빅데이터 보유 및 활용 인프라(하드웨어) 보유 저작권(IP)보유 글로벌 콘텐츠 보유	생성AI모델의 연구 및 고도화 광범위한 범위(국가, 언어, 지식 등)를 커버하는 모델 인프라의 강화(GUP,NPU, 메모리, 네트워크 대역폭 등) 저작권 대비를 위한 IP매입	MS, 구글, 메타 등
수요시장	분야별 AI 마켓 보유기업 일반 사용자 포털/게임/SNS 콘텐츠 및 IP보유 기업	소셜네트워크와의 강화전략 기존 콘텐츠 서비스와의 결합 서비스(보다 지능화된) IP(저작권)시장의 확대 (학습 데이터로 사용 요구 증대) 게임이나 메타버스 일반 콘텐츠 크리에이터 시장 활성화	아마존, 넷플릭스, 비자카드, 메타 등
공급시장	대화형 엔진 등 생성AI도구 제공 플롬프트 엔지니어링 GPU 메모리 반도체 이동통신 및 위성통신 기업 빅데이터 인프라 기업	생성AI를 위한 여러 가지 툴과 서비스 제공 새로운 비즈니스 영역 (프롬프트 엔지니어 서비스) 통신속도와 대역폭의 확대 (위성통신등) 빅데이터 보유기업들의 역할 증대	엔비디아, 테슬라 (위성통신), 삼성전자 (메모리), TSMC

반도체 산업과 챗GPT

챗GPT의 출현은 반도체 분야에 가장 긍정적인 영향을 주고 있다. 특히 AI반도체 분야가 크게 각광받고 있는데, 챗GPT 돌풍을 전후로 국내외 빅테크와 반도체 업계가 생성AI를 구현하는 AI 반도체를 차세대 먹거리로 주목하며 원천 기술 개발과 시장 선점에 나서고 있는 것이다. 초거대 AI 반도체는 무수한 연산을 짧은 시간 안에 처리해야 하므로 현재 GPU 중심 반도체 구조로는 고전력, 고비용의 한계에 부딪힐 수밖에 없다. 특히 이러한 요구사항은 챗GPT가 2021년까지의 데이터만 가지고 학습했고, 최근 데이터가 없다는 한계가 알려지면서 더 큰 요구가 나오고 있다.

예를 들어 엔비디아 'A100' GPU 1만여 개를 사용한 챗GPT는 학습에 천문학적인 비용이 들어가는데, 이러한 부담은 유료화를 통해서 해결할 수밖에 없었다. 그러나 이렇게 고비용의 학습 과정을 지속적으로 해야 하는지에 대한 의문이 든다. 챗GPT를 개발한 오픈AI 최고경영자CEO 샘 알트만은 최근 트위터에서 "챗GPT 1회 사용에 몇 센트가 든다"고 밝힌 바 있다. 단순히 계산해 보면, 5센트약 63원로 가정하고 최근 1억 명에 도달한 가입자가 하루 10번 사용한다고 하면 하루 630억 원, 한 달에만 1조 9천억 원에 가까운 AI 운영비용이 발생한다는 이야기이다. 이러한 운영비용은 보통 기업에서는 감당하기 힘든 비용인데, 이러한 사용에 들어가는 운영비용 이외에 학습하고 튜닝하는 비용도 엄청나게 많이 들게 된다. 앞으로 챗GPT4.0이 나오면 약 100조 개의 파라미터를 학습하게 되는데, 이렇게 커진 파라미터를 학습하고 기억하며 추론하도록 엔진을 쓰기 위해서는 정말 어마어마한 비용이 들 것으로 예상된다. 업그레이드를 하자 연산 파라미터의 수가 늘고 사용자가 폭발적으로 늘어 오픈AI는 엔비디아에 그래픽처리장치(GPU) 'H100'을 1만 개 이상 주문한 것으로 알려졌다. 엔비디아의 H100을 TSMC가 만든다. 챗GPT가 인기를 끌수록 TSMC 매출이 늘어나는 구조이다.

이러한 생성AI의 비용 문제를 타개하기 위해 주목받는 것이 AI 반도체 개발이다. 한국 정부와 기업들은 비휘발성 메모리 반도체가 고속 누적 연산까지 수행하며 전력 소모를 크게 낮춘 PIM^Processing in Memory 기술들에 주목하고 있다. AI 반도체 개발의 관건은 저비용, 고효율화 달성이다. 업계에서는 삼성전자와 네이버의 제휴처럼, 더 싸고 더 효율적인 AI 반도체를 만들기 위한 업종 간 합종연횡이 앞으로 더 활발해질 것으로 내다본다. 챗GPT 열풍 이전 해외에서는 이미 시작된 흐름으로, 클라우드 컴퓨팅 분야 세계 1위인 아마존의 AWS는 자사 전용 AI 반도체인 인프렌시아를 개발해 GPU 시스템보다 최대 70% 낮은 비용에 영상 인식 서비스 속도를 8배 높인 바 있다. AI 반도체 기술을 선점한다면 업황 주기에 따라 불황이 되풀이되는 국내 반도체 산업의 메모리 의존도를 크게 낮출 수 있을 것으로도 기대된다.

챗GPT시대에 반도체 분야를 이야기할 때 엔비디아를 먼저 논할 수밖에 없다. 엔비디아^NVIDIA는 콘솔 게임기와 PC, 노트북 등을 위한 그래픽 카드인 GPU를 디자인하는 미국의 반도체 회사이다. 또한, GPU와 그 연산구조를 활용하여 데이터센터에서 사용하는 인공지능 컴퓨팅의 학습을 목적으로 반도체 회로를 디자인하고 있다. 창업자 젠슨 황^Jensen Huang은 게이머를 위해 GPU를 설계했으나, 매우 많은 픽셀에 단순한 연산을 동시에 대량으로 하는 연산 구조가 인공지능의 대량 정보 학습에 좋은 구조를 가지고 있다는 것을 깨닫게 되어, 2016년부터 게임 그래픽카드 사업에서 인공지능 GPU 디자인 사업을 엔비디아의 주 사업 목적으로 삼게 되었다. 2016년 이후의 주요 사업이 게임용^콘솔, PC와 노트북 GPU의 디자인에서 인공지능 컴퓨팅을 위한 GPU의 디자인으로 바뀌었다. 본격적으로는 CPU와 GPU와 더불어, 인공지능 컴퓨팅을 목적으로 학습할 데이터를 위한 반도체DPU, Data Processing Unit 전기회로를 디자인하는 것이다. DPU는 향후 데이터 중심 가속 컴퓨팅에서 또 하나의 핵심 축이 될 수 있고 CPU는 범용 컴퓨팅, GPU는 가속 컴퓨팅을 위한 것이라면 데이터 센터에서 데이터를 처리하는 DPU는 향후 개발되는 초거대AI 분야에서 그 활용성이 더욱 중요해질 것으로 예상한다.

특히 2022년 출시한 챗GPT의 연산 능력에서 80% 이상이 엔비디아 'A100' GPU를 사용해서 나오고 있기 때문에, 2022년 269억 달러약 34조원의 매출액을 기록했으며, 향후 매출이 크게 급증할 것이라는 전망까지 나오고 있다. 그 밑바탕엔 AI뿐 아니라 자율주행차, 메타버스 등 인공지능 기술을 활용하여 가치를 높이게 되는 디지털 변화DX가 있기 때문이다. 엔비디아는 세계 반도체 시가총액에서도 TSMC와 함께 1, 2위를 다투고 있다.

새롭게 태동하는 AIaaSAI as a Service 산업

챗GPT를 마이크로소프트사의 클라우드 플랫폼 '애저Azure'에 조만간 추가할 예정인 가운데 최신 AI 기술을 빌려주는 서비스인 '서비스형 AIAIaaS·AI-as-a-service'가 산업의 큰 축으로 부각될 것이다. 우리는 이미 아마존의 SaaS·PaaS·IaaS에 대하여 충분히 지난 10년간 익숙해졌다. IaaS, PaaS, SaaS의 클라우드 서비스 생태계는 지난 10년간 엄청나게 많은 세부 서비스로 분화되어 왔다.

laaS, PaaS, SaaS: 클라우드 서비스 생태계(https://www.openstack.org/)

새로운 경제시스템에서 더 이상 소프트웨어, 플랫폼 그리고 인프라는 소유하기보다는 서비스 형태로 구독하는 경제 시스템에 익숙해진 것이다. 이것은 기업이나 개인 공공 등의 범위를 모두 넘어서는 새로운 클라우드 경제 생태계를 구축한 것이다. 이제는 이런 클라우드 경제 생태계가 좀 더 심화 발전되는 단계이다.

챗GPT와 같은 서비스는 AI서비스의 하나인 형태로 취급되기에는 그 규모나 영역의 크기가 엄청나게 넓다. 따라서 AI분야는 아래와 같이 재정의되어야 할 것 같다.

AIaaS 시대의 사업 구분

AIaaS
(AI as a Service)

의료·금융·제조·물류 등에 서비스형 업체 출현
AX (AI 트랜스포메이션)

AIPaaS
(AI Platform as a Service)

OpenAI와 같은 AI플랫폼 업체들이 다수 등장 예상
(구글 바드 삼성전자 등)

AIaaS
(AI Infrastructure as a Srvice)

기존에 클라우드 업체들이
AI반도체와 AI스토리지 등으로 전환하면서
보다 풍부한 인프라를 제공할 것
(아마존, 구글, MS 등)

AI서비스 시대에는 각 성격에 맞는 사업자들이 그들의 성향에 맞는 서비스를 타겟팅하여 구분지어야 할 것이다.

구독형 AI 서비스인 AIaaS를 사용하게 된다면 사용자는 API 형태의 AI 서비스를 제공받을 수 있어 관련 역량을 쉽게 구현할 수 있다. AI 개발 환경이 필요할 경우 AI플랫폼에 담겨있는 AI 개발 툴과 환경을 모아 놓은 AI플랫폼 서비스 형태로 받아 이용할 수 있는데, 이러한 플랫폼이 더욱 사업적으로 커질 것이다. AIP^AI Platform가 특화되는 것은 산업의 버티컬 마켓^VM때문이다. 모든 사업 영역을 하나의 AIaaS로 커버할 수 없다. AI서비스가 세분되면 될수록 이를 플랫폼으로 제공하는 사업이 나타나기 때문이다.

사용한 만큼 비용을 지불하는 AIaaS 서비스의 특성은 AI 서비스를

개발·학습·배포·운영 등을 할 때 컴퓨팅 인프라 자원을 늘렸다가 학습 및 배포가 끝나면 자동으로 축소할 수 있기 때문에 유휴 인력의 발생을 최소화할 수 있다. 서비스를 제공받는 디바이스 기기에 관계없이 AI클라우드 서비스를 이용할 수 있다는 장점도 크기 때문에 언제 어디서든 누구에게나 열려있는 서비스로서 각광받을 것이다.

또한 글로벌 경기 불확실성이 짙어진 최근의 경영 환경은 되레 AIaaS의 시장 전망을 크게 만든다. 2008년 금융위기 이후에 클라우드 서비스가 크게 발전한 이유와 같다. 코로나 시기를 지나온 지금 이러한 서비스로서의 AI시장은 더욱 커질 수밖에 없는 분위기이다.

챗GPT가 설명하는 Iaas, PaaS, SaaS

• IaaS^{Infrastructure as a Service}는 클라우드 서비스 제공 업체가 서버, 스토리지, 네
트워크 등과 같은 IT 인프라를 제공하는 모델입니다. 이 모델은 사용자가 필요한
만큼의 컴퓨팅 자원을 구매하여 자신의 애플리케이션을 구축할 수 있도록 합니
다. 즉 서버, 스토리지, 네트워크 등의 IT 인프라를 사용자가 직접 관리해야 하므
로 사용자에게 가장 많은 제어권을 제공합니다.

• PaaS^{Platform as a Service}는 애플리케이션 개발을 위한 플랫폼을 제공하는 모델
입니다. 이 모델은 개발자가 애플리케이션을 개발하고 실행하는 데 필요한 기반
환경을 제공합니다. PaaS는 일반적으로 서버, 데이터베이스, 미들웨어, 개발 도
구 등의 환경을 제공하며 사용자는 이 환경에서 자신의 애플리케이션을 개발하
고 실행할 수 있습니다.

• SaaS^{Software as a Service}는 소프트웨어를 서비스로 제공하는 모델입니다. 이 모
델은 클라우드 기반의 소프트웨어 애플리케이션을 제공하며, 사용자는 인터넷
을 통해 이를 사용할 수 있습니다. SaaS는 주로 이메일, 문서 및 프로젝트 관리,
회계 및 인사 관리 등과 같은 비즈니스 애플리케이션을 제공합니다.

요약하자면, IaaS는 IT 인프라를 제공하고, PaaS는 애플리케이션 개발을 위한 플랫
폼을 제공하며, SaaS는 클라우드 기반의 소프트웨어 애플리케이션을 제공하는 모델
입니다. 이를 통해 사용자는 자신의 비즈니스나 개인의 목적에 맞게 필요한 서비스를
선택하여 이용할 수 있습니다.

구글, 애플, 아마존이
몸부림치는 이유

—

4장. 빅테크 간 AI경쟁

구글, 마이크로소프트, 메타 등 빅테크들의 AI경쟁력

현재 글로벌 검색 시장은 구글이 80%를 넘는 압도적 점유율로 1위이며, 마이크로소프트의 빙이 2위에 있다. 그러나 챗GPT 시대에는 상황이 달라질 것임이 분명해 보인다. 두 기업이 연달아 서비스를 발표한 것은 이렇게 긴박한 상황을 기회로 보고 있기 때문이며, 동시에 위기의식을 느끼기 때문이다. 위기이자 기회로 보는 것이다. 구글의 사내에 '코드 레드 Code Red·위기 상황'가 발령되었다는 소식만 봐도 알 수 있다. 구글, 마이크로소프트, 중국의 바이두, 한국의 네이버 등 빅테크 기업은 일분일초가 아쉬울 정도로 이 새로운 경쟁의 대열에서 뒤처질까 사활을 걸고 있다.

미 일간 월스트리트저널은 2023년 2월 8일현지시간 '빅테크 일각에서는 AI를 성장의 다음 촉매제로 보고 있지만, AI가 새로운 제품을 생산해 낼지 아니면 이미 장악한 시장 지배력을 더 공고히 할지는 지켜봐야 한다'고 진단했다. 그동안 광고시장에 의존하며 혁신의 발길이 느슨해졌다는 비판을 받아 오던 빅테크 기업들이 어떤 성과를 누구보다 빠르게 낼 수 있는지 지켜보는 것도 우리의 일일 것이다.

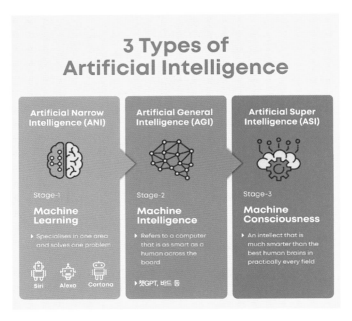

인공지능의 3가지 유형 (tutorialtpoint)

머신러닝(학습): 한 분야에서 뛰어나고 한 개의 문제를 해결하는 능력

머신 인텔리전스(지능): 인간처럼 영역을 넘나드는 지능 및 순발력을 가진 컴퓨터

머신 컨셔스니스(의식): 전 영역에서 가장 뛰어난 인간의 뇌보다 훨씬 스마트한 지적 (생명)체

그림에서 보듯이 AI에는 3가지 타입이 있다. 챗GPT를 포함한 것들은 AGI의 타입으로 볼 수 있다. 이러한 AGI의 시장이 바야흐로 열리고 있는 것이다. 글로벌 빅테크 기업들은 AGI를 만들기 위해 그간 엄청나게 많은 투자와 시간을 쓰고 있었고, 실패도 많이 하고 있었다. 실패의 가장 큰 원인은 성숙되지 않은 기술과 무분별하고 민감한 내용의 필터링을 못 하는 출력이다. 실제로 챗GPT도 가끔은 헛소리나 엉뚱하거나 틀린 답을 할 수 있다. 그러나 예전처럼 민감하게 다뤄지는 내용들은 답하지 않는 능력을 가지고 있다. 그만큼 많은 튜닝과 테스트를 거쳤기 때문이란 것이다.

'챗GPT'가 촉발한 AI 챗봇 전쟁		
오픈AI	챗GPT	2022년 11월 공개
구글	바드	2023년 2월 8일 Bard 발표 오답 제시로 알파벳 주가 7.68% 급락
바이두	어니봇	2023년 3월 내부 테스트 완료 후 출시

AI 챗봇 실패 사례

마이크로소프트
• AI 챗봇 테이, 인종 차별 등 부적절한 발언으로 하루도 안 돼 중단(2016년)

메타
• 블랜더봇, 인종 차별적 발언 후 서비스 종료(2022년 8월)
• 갤럭티카, 부정확하고 편향돼 있다는 비판받고 3일 만에 종료(2022년 11월)

스캐터랩
• 이루다 1.0, 성차별과 소수자 비하 발언 등 논란 빚고 서비스도 중단(2020년)
• 이루다 2.0, 2022년 10월 출시, AI에 캐릭터 부여

챗GPT가 촉발한 AI 챗봇 전쟁과 AI 챗봇 실패 사례

글로벌 빅테크들이 서둘러서 챗봇형 AGI를 내놓고 있다. 과거에 불완전한 모델을 내놓은 경험이 있었던 기업들도 다시 챗봇형 AI를 내놓으면서 시장이 크게 관심을 가지고 있다. 2016년 당시 마이크로소프트는 '테이 서비스'를 내놓은 지 16시간 만에 중단했고, 메타도 2022년 11월 '갤럭티카'라는 AI 언어모델을 내놓았다가 부정확하다는 비판을 받으며 사흘 만에 서비스를 접었다. 메타는 현재 AI 신기술을 적용한 서비스를 출시할 때 내부 승인 절차를 기존보다 빠르게 진행하는 방안을 논의 중이다. 그동안 과도하게 사회적 논란을 의식한 탓에 자신들의 AI 서비스가 사용자의 질문에 뻔한 답을 하거나 답변을 회피하면서 주목을 받지 못했다는 것이다. 메타는 앞으로 더욱 공격적으로 최첨단 AI 기술을 적용해 주목받는 AI 제품을 내놓겠다는 계획이다.

국내에선 AI 스타트업 스캐터랩이 개발한 '이루다 1.0'이 성차별과 소수자 비하 발언 등으로 논란을 빚고 서비스가 중단된 바 있다. 오픈AI가 챗GPT로 스포트라이트를 받자 이젠 빅테크들도 달라지고 있다. AI 경쟁에서 뒤처질 수 없다는 위기의식 때문이다. 챗GPT는 2023년 2월 현재 월간 활성 이용자가 1억 명을 넘어가고, 하루 500만 명이 사용하는 것으로 추정된다.

챗GPT의 출시 이후에 구글도 바드Bard라는 이름의 챗봇 AI 출시를 예고했고, 특히 구글의 검색을 챗GPT가 대체할 수 있다는 위기감에 '코드 레드' 경보까지 발령했었다. 오픈AI에 '베팅'한 마이크로소프트는 챗GPT를 '빙' 검색엔진과 오피스 등에 통합할 것으로 예상돼 '구글 킬러'라는 얘기가 나오고 있기 때문에 더욱 속도를 내고 있다. 바드도 챗

GPT와 같은 대화형으로 구글의 AI언어 모델인 람다LaMDA를 기반으로 하고 있다.

중국의 바이두도 AI챗봇 '어니봇' 어니3.0ERNIE 3.0, Enhanced Representation through kNowledge IntEgration을 출시할 예정이라고 하며, 조만간 글로벌 경쟁에 합류라 것이라고 한다. 어니봇 '어니'는 '지식 통합을 통해 향상된 표현'을 의미하며 2019년에 도입된 AI 대형언어모델과 2021년 더욱 진화된 '어니3.0ERNIE 3.0'을 기반으로 언어 이해, 언어 생성, 텍스트·이미지 생성 등의 작업을 수행할 수 있다고 한다.

이러한 경쟁 구도에서 보면 마이크로소프트와 구글의 양강 구도에 빅테크들의 적극적인 참전이 이어지고 있는 모습이다. 앞으로 어떤 경쟁이 벌어질지 아무도 예측하기 힘드나, 우선 챗GPT로 선점한 마이크로소프트의 행보가 더욱 빨라진다면 구글도 힘들어지는 경쟁이 되지 않을까 생각한다.

오픈AI는 왜
마이크로소프트의 품으로

　마이크로소프트의 이야기를 더 해보면, 초기에 오픈AI는 알다시피 2019년 비영리에서 제한적 영리단체가 됐다. 직후 마이크로소프트는 오픈AI와 손잡고 수십억 달러 투자를 실시했다. 최근 다시 마이크로소프트가 오픈AI와 인공지능 개발을 위한 추가 협력을 발표했고, 2019년과 2021년에 이어 3번째 투자를 하게 되었다. 사티아 나델라Satya Nadella CEO는 오픈AI와의 협력을 통해서 최첨단 AI 연구를 진행하고 새로운 AI플랫폼을 만드는 노력을 하겠다고 했다. 두 기업은 지금까지 만든 AI 기술 상용화에 박차를 가할 것이다. 특히, GPT3에 대한 독점적 라이선스 확보를 통해서 마이크로소프트의 많은 서비스와 연동을 추진한다. 마이크로소프트의 클라우드 서비스인 애저Azure기능 강화를 통해서 기존의 클라우드 서비스 강자인 아마존과 구글 등과의 서비스 격차를 많이 좁힐 것으로 예상된다.

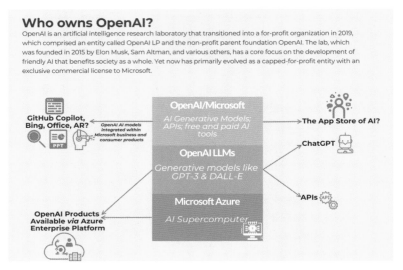

누가 오픈AI를 소유하고 있는 것인가? (FourWeekMBA)

앞에서 이야기했듯이 오픈AI는 2019년 비영리에서 '한도가 있는' 영리로 변모하여 모든 투자에 대한 이익이 100배로 제한되었다. 그런 다음 오픈AI의 독점 클라우드 공급자가 되기 위해 곧 마이크로소프트로부터 10억 달러를 투자받아 지분을 직원들에게 분배했다. 2년 후 기존 주주가 투자자에게 오픈AI 주식을 매각하면서 Sequoia Capital, Tiger Global Management, Andreesen Horowitz 및 Bedrock Capital 등이 회사의 소유권 일부를 갖게 되었다. 2023년 1월 포브스Forbes는 마이크로소프트가 오픈AI에 100억 달러를 추가로 투자하여 가치를 290억 달러로 만드는 논의를 진행 중이라고 보도했다. 만약 성공한다면, 마이크로소프트가 100억 달러의 투자를 회수할 때까지 미래에 오픈AI가 창출할 이익의 75%를 차지하는 독특한 구조를 갖게 될 것이다. 100억 달러의 투자가 회수되면 마이크로소프트는 거래에 따라 고정되고 결정될 수 있는 상한선에 도달할 때까지 회사의 미래 이익에 대한 49%의 지분을 갖게 된다. 실제 영리 목적의 상한선 조직인 오픈AI는 제한된 파트너가 투자에 대해 최대 100배를 얻을 수 있도록 한다.한도는 각 제한된 파트너 계약에 따라 수시로 결정됨 제한된 파트너가 상한에 도달하면 소유권은 오픈AI LP에 보존되며, 제한된 파트너에 대한 상한이 달성되면 향후 모든 이익을 유지할 것이다. 이 구조는 오픈AI가 생성할 수 있는 AGI인공일반지능를 달성하거나 근접할 수 있다는 믿음을 바탕으로 선택되었다. 결과적으로 수조 달러의 부를 비영리 재단을 통해 대중에게 재분배해야 할 수도 있다.

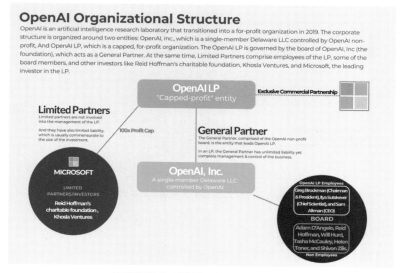

오픈에이아이의 조직 구조 (FourWeekMBA)

그렇다면, 마이크로소프트는 챗GPT를 어떻게 활용할까? 오픈AI와 마이크로소프트는 비즈니스 관점에서 파트너십을 맺었다. 파트너십의 역사는 2016년에 시작되어 2019년에 통합되었으며 마이크로소프트는 파트너십에 10억 달러를 투자했다. 마이크로소프트가 이 파트너십에 100억 달러를 투입하기로 논의하면서 이제 도약하고 있다. 마이크로소프트는 오픈AI를 통해 Azure AI 슈퍼컴퓨터를 개발하는 동시에 Azure Enterprise Platform을 강화하고 오픈AI의 모델을 비즈니스 및 소비자 제품GitHub, Office, Bing에 통합하고 있다.*

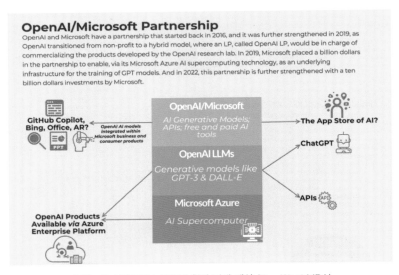

오픈AI와 마이크로소프트의 협력 관계 예상 (FourWeekMBA)

결국 마이크로소프트와 오픈AI는 안정적인 AI 비즈니스 모델을 완성

---

*이 문구는 아래 그림에 나와 있는 텍스트를 번역한 것임

하는 데 매우 유리한 고지에 올랐다고 할 수 있다. 앞에서 말한 '애저 오 픈AI 서비스Azure 오픈AI Service'가 대표적인 예이다. 이를 통해서 GPT3.5, 코 덱스, 달리2, 챗GPT와 같은 AI 모델을 마이크로소프트 클라우드 애저 상에서 사용할 수 있게 된다.

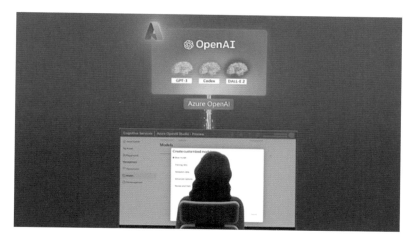

마이크로소프트, 코덱스·달리2 모델 적용한 '애저 오픈AI' 서비스 출시 (itworld)

4장. 빅테크 간 AI경쟁

구글은 대화형 AI를
출시할 수 있을까

구글의 검색은 망하는가?

2022년 12월 2일의 영국 인디펜던트 인터넷 판에는 이러한 제목의 기사가 나왔다. '구글은 끝났다: 세계에서 가장 파워풀한 AI 챗봇이 사람 같은 검색엔진을 제공한다. 오픈AI의 최신 인공지능 봇 챗GPT는 TV대본도 쓰고 복잡한 이론들도 잘 설명할 수 있다.'

Tech

'Google is done': World's most powerful AI chatbot offers human-like alternative to search engines

OpenAI's latest artificial intelligence bot ChatGPT can also write TV scripts and explain complex theories

Anthony Cuthbertson • Friday 02 December 2022 19:33 • 💬 Comments

구글은 끝났다 (인디펜던트)

4장. 빅테크 간 AI경쟁

정말 '놀라운' 인공지능 챗봇의 최신 버전이 전산업에 혁명을 일으키고, 잠재적으로 구글의 검색엔진과 같은 인기 있는 도구를 대체할 수 있다는 이야기였고, 키워드 매칭에 의존하는 기존의 구글 검색엔진과 달리 챗GPT는 고급 알고리즘과 인공지능의 조합을 사용하여 사용자 검색어의 의도를 이해하고 그에 딱 맞는 답을 찾아준다는 것이다.

즉 사용자가 특정 키워드나 구문을 사용하지 않고 자연어를 사용하여 정보를 검색할 수 있기 때문에, 잠재적으로 보면 구글과 같은 정보 검색 도구보다 훨씬 직관적이라는 것이다. 물론 많은 한계점을 가지고 있음에도 불구하고, 게다가 2021년도 데이터까지만 학습했다는 아주 결정적인 한계에도 불구하고, 이런 부분이 개선되고 정기적인 업데이트를 하게 된다면 정말 엄청난 잠재력을 가지고 산업 전반에 파급력을 불러일으킬 만한 것이다.

그동안 구글 '어시스턴트'의 대화 인터페이스는 간단한 문답에 그쳤다. 반면 챗GPT는 전문 영역에 관한 질문을 던져도 비교적 정돈된 답을 해준다. 가령 "태양이 사라진다면 지구에 어떤 일이 생길까"라고 물으면 기존 AI 챗봇은 검색엔진을 활용해 단편적이고 때로는 엉뚱한 답을 내놓는다. 반면 챗GPT는 기존 검색엔진에 게시된 정보를 나열하는 게 아니라, 태양이 없다면 지구가 입을 피해가 무엇인지 일목요연하게 분석해 설명한다. 사용자가 "회사에서 외톨이가 된 기분이다"라고 말하면 심리 상태에 맞는 극복 방안을 제법 자세하게 제시하기도 한다. 단순한 대화뿐 아니라 수학 문제 풀이와 작문, 보도자료 작성, 끝말잇기 등 복잡한 작업도 가능하다. 기존의 검색엔진이 오히려 인간적이지 않은 단순한 정보의 나열에 불과했다면, 챗GPT는 인간처럼 이야기하는 선생님같은 역할로 기존의 검색엔진 시장을 천천히 대체할 것으로 예상할 수 있다.

챗GPT 사용자가 100만이 되는 데 걸린 시간이 단 5일이었다는 사실을 상기하자. 이렇게 빠르게 사용자를 모을 수 있는 근거는 바로 지적호기심의 충족이 아닐까 한다. 기존 검색시장의 패러다임은 바로 AI언어모델로 1년 내에 다 바뀔지도 모른다. 100만 사용자 도달에 넷플릭스 3.5년, 페이스북 10개월, 스포티파이 5개월, 인스타그램은 2.5개월이 걸렸다.

얼마 전 구글 모회사 알파벳의 순다르 피차이 최고경영자는 회사 공식 블로그를 통해 "새로운 대화형 인공지능AI 서비스 '바드Bard'가 신뢰할 만한 테스터들에게 개방될 것"이라며 "향후 수 주 안에 일반인들을 위한 서비스를 준비하고 있다"고 밝혔다. 피차이는 "바드의 응답이 실제 정보의 품질과 안전성, 근거에 대한 높은 기준을 충족하도록 외부 피드백을 자체 내부 테스트와 결합할 것"이라며 "우리는 바드의 품질과 속도를 높이기 위해 이 테스트 단계를 기대하고 있다"고 덧붙였다. 챗GPT가 나온 후 구글이 죽는 줄 알았던 사람들의 시선은 다시 구글에 쏠릴 것이다. 구글의 바드는 초거대 언어 모델인 람다LaMDA, Language Model for Dialogue Applications를 기반으로 하고 있다. 람다는 1,370억 개에 달하는 매개 변수로 학습한 인공지능으로 30억 개에 달하는 문서, 11억 개에 달하는 대화를 익힌 것으로 알려졌다.

아울러 구글은 초거대 인공지능 람다를 기반으로 파생 인공지능을 만들 수 있도록 생태계를 구축할 것이다. 특히, API응용 프로그램 인터페이스들은 바드를 통해서 생성형 인공지능을 안정적이고 신뢰할 수 있는 인공지능 시스템을 구축하길 원하는 기업들에 제공될 것이라고 한다.

Google Releases Bard, A 챗GPT Rival AI (구글)

바드가 챗GPT에 비해 기능과 성능이 어떻게 다를지에 대해서는 본격적인 출시 후에 논란이 되겠지만, 궁금한 것은 '왜 하필 챗GPT의 대항마 이름을 바드Bard 즉 견습 시인詩人이라고 지었을까' 라는 점이다. 구글이 공개한 바에 따르면, 바드는 '어프렌티스 바드Apprentice Bard'라는 이름으로 명명되었고, 이는 견습 시인이라는 뜻으로 앞으로 다양한 채팅을 지원하겠다는 의지로 여겨질 수 있지만, 인공지능을 바라보는 구글의 철학적 관점과 가치관이 담겨 있을 수도 있다는 추측도 생긴다. 창조적 능력을 가진 인간의 초기 모델로서의 이름으로 시인이라는 직업명이 가장 어울릴 듯하다.

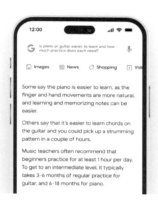

Google 검색에서 질문에 답하는 바드 (구글)

결국, 챗GPT나 바드는 인간의 뇌를 모방한 인공 지능^AI^일 뿐이다. 인간이 수많은 경험을 통해 패턴을 찾아내 이를 추상화 및 연관화하는 방식으로 수많은 지식을 축적하듯 인공신경망도 과거의 데이터를 학습함으로써 패턴을 찾아내는 게 핵심 알고리즘이다. 기본적인 알고리즘은 같지만, 이름에 따라서 그 느낌이 달라지는 것은 마케팅적인 요소가 다분히 반영되었다고 볼 수 있다.

애플과 아마존의
전략은 무엇인가

초거대 AI가 없는 애플은 어떻게 되나요

챗GPT에 놀란 애플, 3년 만에 첫 대면 행사로 'AI 서밋' 개최

박성우 기자

입력 25/3/30 오후 14:47

애플이 직원들을 대상으로 인공지능(AI) 관련 기술을 검증하고 사업화를 논의하는 'AI 서밋'을 개최한다. 최근 오픈AI의 '챗GPT' 열풍 속에 구글과 마이크로소프트(MS) 등 경쟁 빅테크 기업들이 AI 서비스 출시를 잇따라 발표하고 있다. 이에 전문가들은 애플의 AI 서밋 개최 결정이 챗GPT에 대한 위기감에서 비롯된 게 아니냐는 분석을 내놓고 있다.

챗GPT에 놀란 애플, 3년 만에 첫 대면 행사로 'AI 서밋' 개최 (조선비즈)

애플 '시리' 챗GPT 대항마로 키우나, 삼성전자 '빅스비' 잠재력도 주목 (비즈니스포스트)

애플, 음성 명령어 "Hey Siri"에서 "Siri"로 변경 (indiatvnews)

아이폰을 처음 구매했을 때 제일 먼저 해보는 일은 '시리야'라고 불러 보는 것이었던 때가 있었다. 시리는 2011년 애플에서 처음 소개된 음성 인식 서비스로 사용자의 음성 명령을 인식하고 실행하는 기능을 했다. 실제로 유용한 기능들이 많이 있어서, 대중교통정보를 물어보거나, 전화와 문자기능, 타이머 알람 설정 등 그 당시만 하더라도 획기적인 서비스로 인정받고 있었다. 이 당시에 대항마로는 아마존의 알렉사와 구글의 어시스턴트가 있었다.

글로벌 IT기업들의 인공지능(AI) 음성인식 비서
_서울신문 참조

	애플 '시리'	아마존 '알렉사'	구글 '구글 어시스턴트'
기능	'위챗'통한 메시지 전송, '우버'로 차 호출, 송금, 영상 콘텐츠 검색, 가전제품 제어 등	인터넷 검색, 음악 재생, '우버'로 차 호출, 쇼핑, 피자 주문, 가전제품 제어 등	메시지 전송, 식당 예약, 인터넷 검색, 음악 재생, '우버'통한 차량호출 가전제품 제어 등
탑재 기기	아이폰, 아이패드, 애플워치, 맥북, 애플TV	홈IOT 스피커 '에코'	홈IOT 스피커 '구글홈'

그 뒤로 애플은 AI 관련해서 전용 프로세서를 개발하는 등의 활동을 하여 다양한 자율주행차와 증강현실, 시리Siri등의 응용서비스와 연계하려는 노력을 하였다. 애플뿐 아니라 많은 스마트폰 제조사들이 AI를 스마트폰에 탑재하려는 노력과 투자를 지속적으로 하였다.

그러나 결국 빅데이터가 이슈이다. 아무리 제조사가 노력을 하여도 결국 데이터는 거대 빅테크 기업에 가입되어 있는 가입자의 것이다. 스마트폰 제조사들이 구현할 AI비서 기능의 완성도가 시장의 주도권을 잡기에는 중요할지 몰라도, 결국 고객의 데이터를 모아 고개의 마음mind을 읽는 데는 확실히 한계가 있음이 이번 챗GPT 사례에서 증명된 것이다. 애플이 지금의 위기를 어떻게 준비하고 있을지는 공개한 내용이 없어서 알기 힘들지만, 애플은 기존에 음성기반 인공지능 서비스인 시리를 더 적극적으로 활용할 것이다. 모바일 환경에서는 애플이 아직까지 세계 1위이다. 또한, 인공지능의 활용환경은 사무실이나 가정과 같은 닫힌 환경이 아닌 모바일 환경에서 분명히 더 많이 쓰일 것이다. 자연어 처리 중에서 음성인식 분야에서만큼은 시리가 가장 앞서있기 때문에, 만약 오픈AI와 같은 대규모 언어모델LLM을 현재 시리의 모바일 환경에 맞춰서 개발한다면, 인공지능 분야에서 다시 선두를 잡을 수 있을 것이다.

마이크로소프트와 클라우드 경쟁하는 아마존AWS의 전략은

아마존은 현재 지구상에 존재하는 가장 영향력이 큰 기업 중에 하나이다. 미국 전체 기업 중 가장 큰 금액인 연 427억불 이상2020년 기준을 R&D에 투자하고 있다. 아마존은 유통 물류의 혁신을 넘어 세계 최고의 빅데이터 기업이기에 AI기술과 사업화에 가장 투자를 많이 할 만한 기업으로 여겨진다. 세계에서 가장 연구 개발비를 많이 쓰는 기업은 바로 아마존이다.

아마존은 디지털 변혁DX의 최선두에서 업계를 리드하며, 심지어는 우주개발까지 하고 있는 기업이다. 현재, 아마존의 핵심 주력사업은 더 이상 전자상거래가 아닌 기업에 클라우드 방식으로 데이터센터 및 IT 인프라를 제공하고 수익을 올리는 아마존웹서비스AWS이다. 아마존의 전체 영업 이익 중 거의 70% 이상이 AWS에서 창출되고 있다.

몇 년 전에 AWS는 미 버지니아주에 있는 데이터센터를 확장하기 위해 오는 2040년까지 350억 달러를 추가로 투자할 계획이라고 보도했다. 이미 AWS는 지난 2011년부터 2020년까지 10년간 버지니아 데이터센터에 350억 달러를 투자했다. 아마존의 이같은 클라우드 사업에 대한 대규모 투자는 마이크로소프트 애저, 구글 등 경쟁사들과의 격차를 유지하기 위한 안간힘이기도 하다.

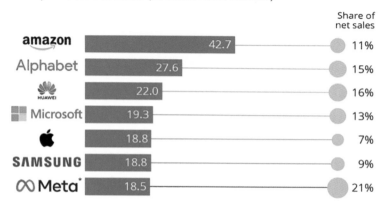

The World's Biggest R&D Spenders

Companies with the highest R&D investment expenditure in 2020 (in billion U.S. dollars)

Company	R&D ($ billion)	Share of net sales
amazon	42.7	11%
Alphabet	27.6	15%
HUAWEI	22.0	16%
Microsoft	19.3	13%
Apple	18.8	7%
SAMSUNG	18.8	9%
∞ Meta*	18.5	21%

* formerly Facebook (until Oct 2021)
Sources: Nasdaq.com, corporate reports

statista

아마존 구글 애플 삼성전자의 연구비 전쟁 (네오얼리)

이러한 투자에도 불구하고, 최근 들어서 비용절감에 나섰다고 하는데, 그동안 심혈을 기울여 개발했던 아마존의 AI 비서 알렉사가 탑재된 AI 스피커 '에코'도 검토 대상 중 하나인 것이다.

4장. 빅테크 간 AI경쟁

그동안 아마존은 알렉사를 탑재한 기기들에 대해 기존 하드웨어 회사들과 달리 보다 많은 제품을 팔기보다는 쇼핑 사용자들이 알렉사 기기들을 통해 보다 많이 구매를 하도록 하는 데 우선순위를 뒀다. 제품을 많이 사용하도록 함으로써 수익을 내겠다는 전략으로 보인다. 알렉사를 활용한 수익 증대의 시도가 먹히지 않은 것이다.

아마존은 그동안 축적해 놓은 많은 노하우를 새로운 생성형 AI모델로 발전시킬 가능성이 높다. 빅테크 기업으로서 기술력이나 빅데이터를 확보하고 있는 이상 방향성만 잡히면 시장을 주도할 수 있을 것이다. 최근, 이미지 생성AI 개발사인 스테빌러티AI Stability AI와 AWS는 제휴를 맺었고, 아마존 클라우드 인프라를 활용한 자체적인 AI모델 구축을 시사했다. 스테빌러티AI가 만든 스테이블 디퓨전 Stable Diffusion은 생성형 이미지 AI로서 챗GPT 이전에 큰 인기가 있었던 서비스인 만큼, 아마존과 함께 하는 협업이 향후 나오게 될 생성형 AI모델의 속도와 성능의 향상이 기대된다.

스피커 위주의 기존 인공지능비서는 어떻게 될까?

2014년 11월 아마존이 '에코'라는 이름의 스마트 스피커를 출시한 후 구글, 마이크로소프트, 애플, 바이두, 텐센트, 라인, 네이버, 알리바바, 카카오, 샤오미, 삼성, 페이스북 등 글로벌 ICT 기업들은 대부분 이 시장에 뛰어들었다. 스마트 스피커 시장을 선점하는 것이 미래 성장을 위한 필수조건인 것처럼 보였던 것이다.

이후로, 한국에서도 음성인식 스피커 또는 인공지능 비서라고 하는 스피커들이 엄청난 인기를 끌었던 적이 있다. 2018년에는 아이폰에 시리가 탑재되면서 선풍적인 인기를 누렸는데, 그 뒤로 이러한 음성비서 시장이 엄청 크게 형성되었다. 다양한 전용 디바이스뿐 아니라, 기존의 TV나 자동차 또는 임베디드PC 이외의 장비에서 사용되는 칩으로 유지되는 디바이스 형태로 판매되고 서비스되는 큰 시장이 형성되었고, 현재도 어느 정도 유지되고 있는 상황이다. 그러나 처음에 나왔을 때만큼 그렇게 재미있고 신기하지 않다. 왜 그럴까?

가장 큰 이유는 인간적이지 않기 때문이다. 즉 한계가 있는 음성인식만 가지고 인간의 호기심을 더 이상 만족시킬 수 없다. 항상 새롭고 신기하고 재미있는 것을 원하는 인간의 본성이 더 이상 음성인식 스피커에 관심을 두지 않기 때문이다.

토종 '음성인식 스피커'… 거실을 선점하라 2017 (조선비즈)

둘째, 재미있는 콘텐츠가 부족하기 때문이다. 특히 한정된 도메인에서 작동하는 콘텐츠만으로는 한계가 있다. 인간의 특징은 화제를 자기 멋

대로 바꾸는 능력이다. 우리가 커피숍에서 친구들과 이야기할 때 화제를 순식간에 바꾼다. 음식 이야기에서 영화 이야기로, 그러다가 아이 이야기로, 그러다 상사를 흉보는 이야기까지. 이렇게 넓은 영역의 이야기를 커버하기에 음성 인식 스피커로는 한계가 있다.

주요 스마트 스피커 비교 (중앙시사매거진)

스마트 스피커 사용 빈도 (중앙시사매거진)

셋째, 음악 중심으로 형성된 AI스피커 시장의 한계이다. AI 스피커로 이용할 수 있는 서비스는 크게 생활정보·엔터테인먼트·쇼핑·스마트 홈 등으로 구분할 수 있다. 생활 정보는 날씨, 시간, 알람, 뉴스, 주가, 환율, 인물정보 등이다. 엔터테인먼트 서비스는 음악, 라디오, 팟캐스트, 영화나 TV 프로그램 정보, 야구 결과 등이다. '카카오미니'는 카카오톡과 연동되어 있어 스마트 스피커를 통해 친구에게 카톡을 보내거나 보이스 톡을 할 수 있다. 아마존의 에코닷은 아마존과 연결되어 있다. 네이버는 '프렌즈'를 이용해 생수나 라면 같은 생필품과 생활용품 등을 구매할 수 있다. SK텔레콤은 '누구'를 11번가와 연결했고, 도미노나 BBQ 등의 가맹점에서 음식을 주문할 수 있게 했다. '카카오미니'에도 배달음식 주문 기능이 있다. 카카오와 연계된 덕분에 카카오택시 기능도 사용할 수 있다. 네이버의 '프렌즈'와 SK텔레콤의 '누구'를 이용하면 집안의 조명등을 켜고 끌 수 있는 스마트 홈 기능을 사용할 수 있다. '카카오미니'는 추후 이 기능을 더할 계획이다. 아마존과 구글의 스마트 스피커에도 조명이나 전자제품 제어 등을 할 수 있는 스마트 홈 기능이 탑재되어 있다. 이렇게 다양한 서비스 중 사람들이 가장 많이 이용하는 것은 아직까지 '음악'이다. 전문가들도 "스마트 스피커 킬러 콘텐츠는 음악"이라고 분석했다. 그렇지만 음악은 더 이상 인공지능 스피커로 듣지 않고, 모빌리티가 필요한 블루투스 이어폰 시장으로 진행되었다.

국내 기업들은 AI시대에
무엇을 하고 있나

　초거대 인공지능 기술 경쟁을 촉발한 대화형 AI챗봇 '챗GPT' 파장이 전 세계를 휩감고 있는 가운데 국내 대표주자들인 네이버, 카카오 등이 본격적인 서비스를 시작하고 있다. 즉 한국적인 감성과 기존의 역량을 집대성하여 AI와의 단순 질의 응답을 넘어, 보다 구체적인 AI 업무를 맡길 수 있도록 수준 높은 검색서비스를 제공하겠다는 복안이라고 한다. 특히 각 회사들은 지금까지 쌓아 오며 특화된 빅데이터를 가지고 GPT 기술을 융합하여 새로운 버티컬 영역에서의 매출과 수익을 올리겠다는 전략을 공통적으로 가지고 있다.

　통신사들은 저마다의 전략을 가지고 공략할 예정이다. 즉, 통신사들의 '한국형 AI' 서비스는 한국어에 좀 더 친숙하면서도 사람에 가까운 대화를 할 수 있는 기술을 확보하는 게 목표이다. 이를 통해 일반 소비자들의 각종 모바일 서비스 이용을 더욱 편리하게 하고, 기업 고객들의 업무 효율성도 높일 수 있도록 하겠다는 것이다. 특히 통신사들은 가입 고객들의 방대한 데이터를 이미 갖고 있어 AI 서비스를 구축하는 데 용이하다는 장점이 있다. 통신사들이 보유한 ICT 인프라와 딥러닝, 클라우드 등 각 통신사가 최근 집중 투자하고 있는 기술들을 융합하면 AI와 관련된 각종 서비스를 빠르게 출시할 수 있을지도 모른다. 하지만 분명한 한계는 통신사들이 고객의 데이터를 상당히 많이 가지고 있지만, 이런 데이터들이 고객들의 프로파일이나 성향들을 포함한 데이터이므로 이 데이터들을 자연스러운 검색을 포함한 생성AI모델에 적용할 수 있을지는 미지수이다.

네이버의 서치GPT

네이버의 서치GPT는 하이퍼클로바2,040억 개 매개변수를 보유한 초거대 AI를 기반으로 한다. 한국어로는 고품질 검색 데이터를 가장 많이 보유하고 있고, 거대 AI 모델로는 세계 정상급 기술을 가졌다고 설명하고 있다. 생성AI의 단점과 신뢰성 및 최신성이 부족하다는 평도 있지만, 해외 업체들의 영어 기반 개발 모델을 한국어로 번역하며 발생하는 정확성 저하를 네이버의 풍부한 사용자 데이터와 기술 노하우를 접목해 해결할 수 있을 것이다.

'지하철 요금에 대한 질문'과 같은 요약된 답변이 필요하면 최신 콘텐츠 데이터를 출처와 함께 잘 요약해 제공하거나, '노트를 싸게 구매하는 방법' 등 조언이 필요한 검색도 다양한 콘텐츠를 활용하여 답변을 제시할 수 있도록 실험하고 있다.

노코드 AI 플랫폼 '클로바스튜디오'에 접목, 생태계를 넓히겠다는 전략을
세우고 있다.

카카오의 코GPT

한국어에 특화된 AI 모델 '코GPT'를 활용해 카카오가 잘할 수 있는 서비스
에 집중할 것이라고 한다. 코GPT는 경쟁 AI 모델 대비 가장 높은 수준의 비
용 효율성이 차별점이다.

2023년에 버티컬 서비스를 통한 기업 공략을 목표로 하고 있고, AI가 흉부
엑스레이를 판독하는 서비스를 호주에 출시하고, 이미지 관련 AI 기술을 활
용카카오톡 프로필 배경 사진을 만드는 모델 등하여 다용도로 적용하겠다는 소식이 있다.
개인화 비서 형태의 AI '조르디', 소상공인의 광고 카피 작성을 돕는 모델 등
다양한 시도를 준비하고 있다.

KT의 믿음

2023년 상반기 내 한국형 챗GPT인 초거대 AI '믿음'을 상용화하겠다는 목
표를 내세우고 있다. AI 전문상담, AI 감성케어 등의 사업화 계획을 세우고
있다.

AI컨택센터AICC 서비스인 '에이센 클라우드' 등을 B2B 서비스에도 적용하
겠다는 방침이다.

LG유플러스의 엑사원

LG유플러스는 LG AI연구원이 보유한 초거대 인공지능 '엑사원EXAONE'과

연계한 챗봇 서비스를 준비하고 있다. 또한 AI 통합 플랫폼인 '익시[ixi]'를 준비 중이며, 음성·언어·검색·추천·예측 등 AI엔진을 자체 개발 중이다.

SKT의 에이닷

SK텔레콤은 2022년 6월 국내 최초로 대규모 인공지능 모델 GPT3를 적용한 인공지능 서비스 '에이닷'을 출시했다. 챗GPT에 활용된 GPT3.5보다는 한 단계 낮은 인공지능 모델이다.

빅테크들과의 제휴를 통해 자사 인공지능[AI] 서비스인 '에이닷'을 고도화하겠다는 목표를 갖고 있다.

통신 3사의 전략 (전자신문)

네이버나 다음이 야후처럼 사라질 수도 있나

실제로 AI에 뒤처지면 노키아나 야후처럼 몰락할 수 있다는 긴장감이 엄청나게 몰아치고 있다. IT시장에 지각변동이 심하게 오고 있고 갈림길에 서서 '맞서서 해야 하는가' 아니면 '회피해야 하는가'라는 판단을 하고 있는 회사들도 많다. 챗GPT에서 사용하는 언어 생성AI기술이 IT업계의 패러다임을 바꿀 게임 체인저로 떠오르면서 기존의 빅테크 기업들이 긴장하고 있다.

구글이 야후를 대체하고, 애플의 등장으로 노키아와 모토롤라 등 휴대폰시장의 강자들이 몰락한 경험을 가진 빅테크 기업들은 조속히 AI전환AI Transformation을 하지 않으면 그들의 전철을 밟을 것이라고 예견하고 있다. 국내에서도 LG전자가 스마트폰 출시 시기를 늦추는 동안 삼성이 먼저 출시한 사례를 통해 발 빠른 전략 수행이 기업의 생존에 미치는 영향을 다시 생각하게 한다.

챗GPT가 2023년 어떠한 지각변동을 일으키게 될지 예의 주시하면서 시장을 관찰해 보는 것도 재미있을 것이고, 어떤 기업들이 생존할지에 대해서는 뒷장에 투자의 관점에서 다시 생각해 보도록 하겠다.

일도 명예도
챗GPT를
아는 만큼 보인다
-
5장. 챗GPT 제대로 활용하기

삶을 업그레이드하는
챗GPT 활용팁

어렵고 기술적인 이야기를 뒤로하고 보통의 사람들이 일상생활에서 챗GPT를 어떻게 활용하고, 얼마나 잘 활용하는지에 따라 많은 것이 달라질 수 있다. 굳이 외국어 학원에 등록할 필요 없이 매일 아침 한 시간 동안 내가 배우고 싶은 언어를 조금씩 발전 시켜나가도록 도움을 요청할 수 있고, 내 몸 상태를 이야기하며 어떤 병원을 찾아야 하는 지 어떤 진료를 받는 것이 좋은 지 의논해볼 수도 있다. 여자의 심리를 잘 모르는 짝사랑에 빠진 남자가 그녀의 스타일에 관한 정보를 챗GPT에게 주고 어떻게 그녀의 마음을 얻을 수 있는 방법을 물어볼 수도 있다. 가전제품에 챗GPT를 적용하면 냉장고에 남아있는 자투리 재료들이 무엇인지 그것들로 어떤 음식을 만들 수 있는지 조언을 받을 수 있고, TV는 사용자가 좋아하는 스타일의 드라마를 골라줄 것이다.

어떤 이는 인류가 차원이 다른 개인비서를 각각 고용하게 되었다고 했는데, 이제 필요한 것은 챗GPT가 실생활을 바꿀 어떤 능력을 가졌는가를 공부할 것이 아니라, 챗GPT를 더 잘 활용할 인간의 능력을 생각할 때가 아닌가 싶다. 챗GPT를 더 잘 활용할 수 있는 사람이 위너인 세상이 되고 있고, 이미 되었다.

가입

GPT 링크로 이동 후 https://openai.com/blog/chatgpt/

1) 왼쪽 하단의 TRY CHATGPT를 클릭

2) sign up 버튼을 눌러서 가입 등록 절차 진행

_구글 아이디가 있으면 구글 아이디로 간편하게 가입할 수 있다.

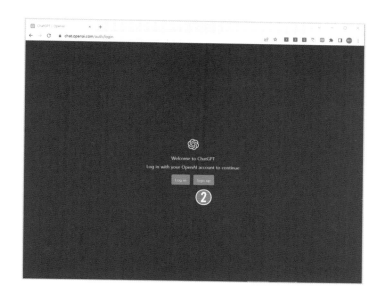

어떻게 대화해야 할까

챗GPT는 질문^{프롬프트라고 함}을 입력하는 창만 주어진다. 어떤 질문 또는 말이어도 되는데 좋은 답을 얻기 위해서는 질문^{프롬프트}을 잘 입력하는 것이 중요하다. 질문 입력 방법은 아래와 같다.

1)한글보다는 영어 사용: 한글 사용 시 품질과 속도 차이^{한글 사용 시 답변 중간 중간 끊김 현상도 발생}가 크다. 따라서 번역기^{구글, 파파고, 딥엘}를 옆에 두고 사용하더라도 영어를 쓰는 것이 좋다. 이렇게 속도와 품질이 차이나는 이유는 바로 학습된 데이터^{토큰, token}가 영어이기 때문이다. 즉 한국어로 입력 시에 앞단에서 영어로 번역하는 번역기가 존재하는데, 이 번역기의 품질과 성능에 우리가 최종적으로 얻게 되는 출력^{응답}의 품질이 크게 의존될 수밖에 없다. 이런 이유로 한국의 기업들은 한국어로 만들어진

GPT3를 구축하고 있는 것이다.[*]

2)질문자의 상황이나 의도를 구체적이고 명확하게 설명: 최종적인 질문을 하기 전 구체적인 배경 및 상황, 의도 및 목적을 설명해 주어야 좋은 응답을 받을 수 있다. 예를 들어 "챗GPT의 API서비스를 위한 마케팅은 뭐야?"라는 질문보다는 "나는 노코딩 솔루션과 서비스를 만들고 있는 스타트업의 영업 담당자이고, 자동차 제조사를 대상으로 하는 챗GPT의 API서비스를 우리 회사의 기존 노코딩 서비스와 연동하는 개념으로 API를 설명해야 한다. 이런 설명을 위한 자료를 10개의 단락으로 만들어주고, 구체적인 예시를 각 단락별로 넣어줘"라고 입력하는 것이 정확하고 구체적인 답을 얻을 수 있다. 또한 지금까지 진행되었던 대화의 맥락을 기억하고 있기 때문에, 원하는 답을 얻을 때까지 깊이 있는 질문을 계속해 나가는 것이 중요하다.

3)챗GPT에게 역할을 부여역할 놀이 게임: 챗GPT에게 어떤 역할을 부여한 다음 대화를 이어나가는 방법을 쓰면, 좀 더 구체적인 답으로 유도해 나가기 편리하다. "당신은 IT마케팅 회사의 베테랑이다. 나는 마케팅에 대해서 잘 모르니 네가 나를 잘 교육해주는 것을 원한다. 마케팅 관련해서 질문하면 내가 대답하겠다. 첫 질문을 해봐줘"이런 식으로 역할을 부여해서 대화를 이어나가게 되면 보다 명확한 답을 찾기에 편리하며, 대화 형식이다 보니 맥락에 대한 연속성을 가져갈 수 있다. 이러한 역할은 쉽게는 피부과 의사와 환자, 역사 선생님과 학생 등의 역할을 먼저 정의하면, 해당 도메인 내로 한정되어서 대화를 풀어가기 때문에 매

[*]챗GPT 창에서 구글 확장 프로그램을 활용하는 방법을 사용하면 좀 더 편리하다. 질문자의 의도가 제대로 전달되는지 직접 확인하기 위해서는 별도의 번역기 사용을 권장한다.

우 쉽고 명확하게, 구체적으로 원하는 답을 구할 수 있게 한다.

4)크롬 사용자일 경우-다양한 챗GPT의 익스텐션_{extension}을 사용: 최근에 구글 크롬 확장형 프로그램 중에서 챗GPT의 기능을 편리하게 해주는 서비스가 많이 출시되었다. 그중에서 가장 인기 있는 것은 구글의 검색엔진에서 바로 챗GPT의 결과를 보여주는 "ChatGPT for Google" 확장 프로그램이다. 검색엔진 창에 입력하면 결과는 구글의 응답과 챗GPT의 결과를 같이 보여준다. *뒷장의 확장 프로그램 소개 참고

사용예시

1. 글시, 기사, 작문, 에세이, 마케팅 보고서 등 쓰기는 이런 방법으로 한다.

방송용 기사를 작성하는 예시를 들어보겠다. 먼저 위에서 언급한 대로 원하는 내용을 아주 구체적이고 명확하게 한글로 작성한다.

①질문사항:

방송기사는 15개의 짧은 문장으로 구성된다. 그리고 중학생 정도의 지적 능력을 가진 사람도 이해할 수 있는 문장으로 써야 한다. 챗GPT의 정의와 기능, 문제점에 대해서 방송기사 형태로 기사를 작성해서 보여줄래? 전체 기사의 길이는 15개 문장 정도로 만들어주고 실제 연구 개발자의 가상 인터뷰 하나와 대학 교수님의 가상 인터뷰를 하나씩 넣어서 만들어줄래?

②영어로 번역한다. 여기서는 구글 번역기를 이용했다.

A broadcast article consists of 15 short sentences. And it should be written in a sentence that even a person with the intellectual ability of a middle school student can understand. Would you like to write an article about the definition, functions and problems of ChatGPT in the form of a broadcast article? Could you make the entire article about 15 sentences long and include one virtual interview with a real research developer and one virtual interview with a university professor?

③질문에 대한 답은 아래와 같다.

Sure! Here is a sample broadcast article about ChatGPT:

ChatGPT is a computer program that can understand and respond to human language. It was created by OpenAI, a leading AI research organization. ChatGPT uses artificial intelligence and machine learning to generate responses to questions and requests. It can be used for a variety of purposes, such as customer service, chatbots, and language translation. We spoke to OpenAI research developer, John Doe, about ChatGPT. "ChatGPT is one of the most advanced AI language models available today," says John. He explains that ChatGPT is trained on a massive dataset of texts from the internet, which allows it to generate responses that are similar to human writing. We also spoke to University Professor, Jane Smith, about ChatGPT. "ChatGPT has the potential to revolutionize the way we interact with computers," says Jane. She believes that in the future, ChatGPT and other AI language models will become more prevalent in our daily lives. However, she also notes that there are still some problems with ChatGPT and AI language models in general. For example, they can sometimes generate inappropriate or offensive responses. They can also struggle to understand complex questions or provide accurate answers. Despite these challenges, John and Jane agree that the future of ChatGPT and AI language models is bright. As these models continue to improve, they have the potential to greatly enhance our ability to communicate and interact with technology. Note: The names of the research developer and university professor are fictional.

④아래는 다시 위의 챗GPT의 응답을 한글로 번역한 것이다.

물론이죠! 다음은 챗GPT에 대한 샘플 브로드캐스트 기사입니다. 챗GPT는 인간의 언어를 이해하고 대응할 수 있는 컴퓨터 프로그램입니다. 선도적인 AI 연구기관인 오픈AI에서 만들었습니다. 챗GPT는 인공 지능과 기계 학습을 사용하여 질문과 요청에 대한 응답을 생성합니다. 고객 응대, 챗봇, 언어 번역 등 다양한 용도로 사용할 수 있습니다. 오픈AI 연구 개발자인 John Doe와 챗GPT에 대해 이야기를 나눴습니다. "챗GPT는 오늘날 사용 가능한 가장 진보된 AI 언어 모델 중 하나입니다."라고 John은 말합니다. 그는 챗GPT가 인터넷의 방대한 텍스트 데이터 세트에서 훈련되어 사람이 쓰는 것과 유사한 응답을 생성할 수 있다고 설명합니다. 우리는 또한 대학 교수인 Jane Smith와 챗GPT에 대해 이야기했습니다. "챗GPT는 우리가 컴퓨터와 상호 작용하는 방식을 혁신할 수 있는 잠재력을 가지고 있습니다"라고 Jane은 말합니다. 그녀는 앞으로 챗GPT 및 기타 AI 언어 모델이 일상 생활에서 더욱 널리 보급될 것이라고 믿습니다. 그러나 그녀는 챗GPT 및 AI 언어 모델 전반에 여전히 몇 가지 문제가 있다고 지적합니다. 예를 들어 때때로 부적절하거나 공격적인 응답을 생성할 수 있습니다. 또한 복잡한 질문을 이해하거나 정확한 답변을 제공하는 데 어려움을 겪을 수 있습니다. 이러한 어려움에도 불구하고 John과 Jane은 챗GPT 및 AI 언어 모델의 미래가 밝다는 데 동의합니다. 이러한 모델이 계속 개선됨에 따라 기술과 소통하고 상호작용하는 능력을 크게 향상시킬 수 있는 잠재력이 있습니다. 참고: 연구 개발자와 대학 교수의 이름은 허구입니다.

하나만 더 해보자. 2023년 영어 수능문제 24번이다.

24. 다음 글의 제목으로 가장 적절한 것은?

Different parts of the brain's visual system get information on a need-to-know basis. Cells that help your hand muscles reach out to an object need to know the size and location of the object, but they don't need to know about color. They need to know a little about shape, but not in great detail. Cells that help you recognize people's faces need to be extremely sensitive to details of shape, but they can pay less attention to location. It is natural to assume that anyone who sees an object sees everything about it - the shape, color, location, and movement. However, one part of your brain sees its shape, another sees color, another detects location, and another perceives movement. Consequently, after localized brain damage, it is possible to see certain aspects of an object and not others. Centuries ago, people found it difficult to imagine how someone could see an object without seeing what color it is. Even today, you might find it surprising to learn about people who see an object without seeing where it is, or see it without seeing whether it is moving.

① Visual Systems Never Betray Our Trust!

② Secret Missions of Color-Sensitive Brain Cells

③ Blind Spots: What Is Still Unknown About the Brain

④ Why Brain Cells Exemplify Nature's Recovery Process

⑤ Separate and Independent: Brain Cells' Visual Perceptions

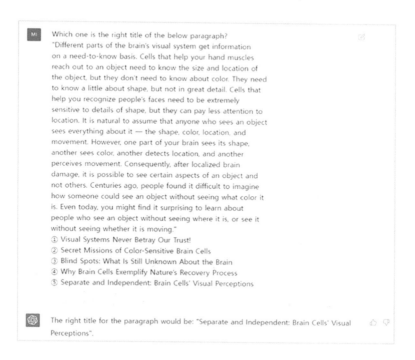

이 시험 문제를 그대로 챗GPT에 넣으면 아래와 같은 답이 나온다. 챗GPT에게는 너무나 쉬운 문제이다. 그리고 실제 5번이 정답이다.

2. 코딩 테스트

챗GPT가 코드를 짜주는 능력을 가진 것은 맞다. 고전 게임 '벽돌깨기' 파이선 코드를 만들어달라는 요구를 할 경우 몇 분이면 거의 완벽한 코딩 언어를 산출해 낼 정도이다. '챗GPT가 구글 신입사원[13]과 맞먹는 수준으로 코딩을 해낼 수 있다'는 구글 내부 문서가 나돌기도 했다. 챗GPT 기반 코드 생성AI '코덱스Codex'가 노코드코딩없이 애플리케이션 개발 개발 도구로 이미 상용화됐다. 이러한 능력은 결국 기존에 짜 놓은 코드들을 학습한 결과이다. 아래와 같이 누구나 쉽게 파이선 코드를 챗GPT를 통해서 만들 수 있다.

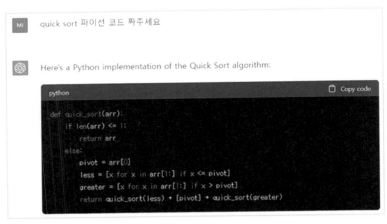

마이크로소프트의 액셀의 함수도 잘 설명해 준다.

너무 빠르고 쉽게 코드를 생성해준다. 통상 컴퓨터 알고리즘에서 배우는 재귀 알고리즘을 제대로 이해하고 있는 건가 하는 의심이 들지만, 진정한 이해와 생각과 창조는 인간이 하는 것이고, 인공지능은 인간이 하는 대로 따라 하는 것이라고 보는 것이 맞다.

어찌 되었건 코딩 능력도 꽤 출중한 것은 분명한 사실이다.

> MI 인공지능은 인류를 멸망시킬까?

> The possibility of artificial intelligence leading to the destruction of humanity is a topic of much debate and speculation. Some experts argue that advanced AI could pose a threat if it is programmed with goals that conflict with human values or if it becomes too powerful and unpredictable. However, others believe that with proper design and governance, AI can be a positive force that improves our lives and solves some of the world's biggest challenges. Ultimately, the future impact of AI will depend on the decisions and actions taken by those who develop and use it.

> MI 한글로 대답해줘

> 인공지능이 인류의 멸망을 일으킬 수 있는지에 대한 토론과 추측은 많이 일어나고 있습니다. 어떤 전문가들은 인간의 값과 충돌하는 목표를 프로그래밍하거나, 너무 강하고 예측할 수 없는 것으로 발전할 경우 AI가 위협이 될 수 있다고 주장합니다. 그러나, 다른 사람들은 적절한 디자인과 가치 체계 구축을 통해 AI가 우리의 생활을 개선하고 세계의 가장 큰 도전적인 문제를 해결하는 긍정적인 힘이 될 수 있다고 믿고 있습니다. 최종적으로 AI의 미래적인 영향은 개발하고 사용하는 사람들의 결정과 행동에 달려 있습니다.

챗GPT와의 대화와 바뀌는 일상

몇 가지 일상생활에 관한 질문과 답변

챗GPT와의 대화는 실제로 무궁무진하다. 어느 정도 크기의 학습데이터를 썼는지 물어보았다. 이 질문은 구글 검색창에 '챗GPT 학습 데이터크기'라고 치면, 챗GPT 확장 프로그램이 브라우저 옆에 아래와 같은 창을 띄워서 구글의 검색 결과와 같이 보여준 것이다. 사용의 예로 우선 보여준다.

ChatGPT ⊛   👍 👎 ⬚

ChatGPT was trained on a massive amount of text data,
specifically over 8 million text documents, totaling over
45 terabytes of data. The model was fine-tuned on a
smaller dataset, but even then it was still trained on a
substantial amount of data. This massive amount of
training data helped the model develop a deep
understanding of language and the ability to generate
human-like responses to a wide variety of questions.

응답의 결과와 같이 8만 건이 넘는 문서text documents를 포함해서 45테라바이트의 데이터로 학습하였다고 한다. 결국 이렇게 방대한 양의 데이터 학습이 인간과 같이 정말 넓은 분야의 질문에 답할 수 있는 능력을 가지게 된 것이다. 한 개개인의 지식보다도 엄청 많은 지식을 가지고 있는 것은 두말할 나위가 없다.

물론 잘 못하는 분야는 명확하다. 2021년까지의 데이터로 학습하였기 때문에 최근의 정보는 없다. 게다가 민감한 문제나 지역적인 정보에는 분명한 한계가 있다.

인공지능은 인류를 멸망시킬까?

The possibility of artificial intelligence leading to the destruction of humanity is a topic of much debate and speculation. Some experts argue that advanced AI could pose a threat if it is programmed with goals that conflict with human values or if it becomes too powerful and unpredictable. However, others believe that with proper design and governance, AI can be a positive force that improves our lives and solves some of the world's biggest challenges. Ultimately, the future impact of AI will depend on the decisions and actions taken by those who develop and use it.

한글로 대답해줘

인공지능이 인류의 멸망을 일으킬 수 있는지에 대한 토론과 추측은 많이 일어나고 있습니다. 어떤 전문가들은 인간의 값과 충돌하는 목표를 프로그래밍하거나, 너무 강하고 예측할 수 없는 것으로 발전할 경우 AI가 위협이 될 수 있다고 주장합니다. 그러나, 다른 사람들은 적절한 디자인과 가치 체계 구축을 통해 AI가 우리의 생활을 개선하고 세계의 가장 큰 도전적인 문제를 해결하는 긍정적인 힘이 될 수 있다고 믿고 있습니다. 최종적으로 AI의 미래적인 영향은 개발하고 사용하는 사람들의 결정과 행동에 달려 있습니다.

새롭게 시도되는 AI일상서비스들*

챗GPT의 몇 가지 재미있는 서비스 예시를 추가로 소개해 보고자 한다.

1. 건강상담(치과)

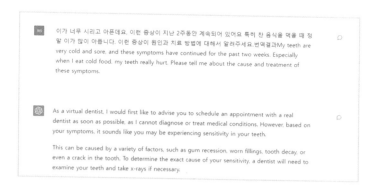

2. 이미지를 찾아주는 서비스(unplash의 활용)

*한글 번역서 서비스 확장프로그램 사용
챗GPT의 결과를 링크로 보내주는 shareGPT 확장 프로그램 활용

3. 육아상담: 5살 아이를 키우고 있는 엄마의 육아 상담

MI   챗GPT 육아 상담

안녕하세요. 어떻게 도와 드릴까요? 육아 관련 문제에 대한 상담을 원하신다면 언제든지 질문해주세요.

MI   I am a mother of a 4-year-old boy. My child is afraid of the hospital, so every time I go to the hospital, I become a liar mother. In this case, how to get the child to go to the hospital well? 번역 취소하기 저는 4세 남자아이의 엄마입니다. 우리 아이는 병원을 무서워해서 병원에 갈 때마다 거짓말쟁이 엄마가 된다. 이런 경우 아이를 병원에 잘 데려가려면 어떻게 해야 할까요?

Here are a few tips that might help:

1. Prepare your child in advance: Explain to your child what the hospital is and why you need to go there. Use simple, age-appropriate language and answer any questions they may have.

2. Involve your child in the process: If possible, let your child choose a favorite toy or blanket to bring along, and allow them to help pack a bag for the trip.

4. OS 프로그래머 컴퓨터 운영체계, Operating System에 대한 설명

MI   I want you to act as an OS programmer. I will provide you with a list of commands, and you will implement them. My first command is "I need help creating an operating system". 번역 취소하기 당신이 OS 프로그래머 역할을 했으면 합니다. 나는 당신에게 명령 목록을 제공하고 당신은 그것을 구현할 것입니다. 내 첫 번째 명령은 "운영 체제를 만드는 데 도움이 필요합니다"입니다.

Sure! I'd be happy to help you create an operating system. Where would you like to start? Do you have any specific requirements in mind or any particular OS you want to base your OS on? Also, do you have any programming experience or do you want to start from scratch? Knowing this will help me better assist you.

MI   OS프로그램의 기본 기능들을 10가지만 나열해 주시고, 각 항목에 대해서 필수적인 알고리즘을 말해 주세요.

Sure! Here is a list of 10 basic functions of an operating system, along with a brief explanation of the essential algorithms for each one:

1. Process Management: The operating system manages the creation, execution, and termination of processes. Essential algorithms include process scheduling, deadlock detection

유용한 챗GPT
확장 프로그램

챗GPT가 나온 후에 사용자도 급격히 증가하는 동안에 다양한 크롬 브라우저의 익스텐션 프로그램이 많이 출시되었다. 몇 개를 소개한다.

1. 프롬프트 지니Promptgenie: 한글 번역 기능

챗GPT의 기본은 영어로 되어 있는데, 영어를 잘 못하는 사람들에게 아주 유용한 확장 프로그램이다. 보통 좋은 결과를 얻기 위해서는 챗GPT 화면 옆에 번역기구글이나 파파고를 놓고, 한글로 먼저 번역기에 입력하여 영어로 번역한 내용을 챗GPT에 넣는 방법을 활용한다. 프롬프트 지니에서는 챗GPT 화면 창에 '번역해서 질문'이라는 버튼을 생성해 주고, 한글로 입력한 후 이 버튼을 누르면 번역된 내용으로 입력하게 되는 기능을 제공한다. 웹스토어에 들어가서 이 화면이 뜨면 프롬프트지니를 크롬에 추가한다.

그 후에 챗GPT에 들어가면 아래 그림처럼 자동으로 〈● 번역해서 질문〉이 보인다.

2. AIPRM for ChatGPT

사용 안내 기능 즉, 원하는 형태의 답변을 미리 세팅해준다. AIPRM 확장 프로그램은 콘셉트에 맞게 답변을 내도록 미리 설정해 놓은 GPT 활용 프로그램이라고 할 수 있다. 기본적으로 챗GPT의 첫 화면은 질문만 하는 텍스트입력란만 있다. 그러나 AIPRM을 설치하면 아래와 같이 변경된다.

AIPRM 설치 전   AIPRM 설치 후

①Public Prompts와 ②Own Prompts를 선택해서 질문할수 있다

③Output in도 선택할수 있다

그냥 질문했을 때와 AIPRM을 써서 질문했을 때 다르게 답변이 나온다. 앞에서도 말했듯이 기본적으로 챗GPT의 질문은 연속적으로 세세하게 질문하는 것보다 전문적인 답변을 이끌어 내는 것이 능력이다. 이 프로그램은 원하는 답을 미리 세팅해 놓고 시작한다고 보면 된다.

3. ChatGPT for search engines

이 프로그램은 어디서든 챗GPT를 이용할 수 있게 해주는데, 검색엔진구글, 네이버 등에서 입력한 내용을 챗GPT에도 입력하여 그 결괏값을 브라우저에 제공한다.

ChatGPT for search engines을 추가한 후에 구글에 들어가면 오른쪽에 자동으로 챗GPT 화면이 보이고 ①구글에서 헤밍웨이Ernest Miller Hemingway를 검색하면 ②챗GPT 화면에 동시에 검색된다.

ChatGPT for search engines의 장점은 채팅창이 하단에 같이 있어서 검색하면서 추가로 대화를 이어나갈 수 있다는 것이다.

4. ChatGPT for Google

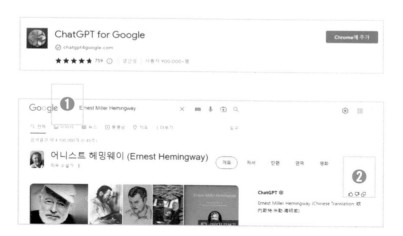

5장. 챗GPT 제대로 활용하기

ChatGPT for Search Engines와 비슷한 기능이지만 답변 언어를 설정할 수 있는 게 특징이다. ①검색어를 입력하고 ②설정을 클릭하면 새로운 창이 뜬다. ③새 창에서 언어설정을 클릭하면 여러가지 언어가 있는 걸 확인할 수 있다. 여기에서 한국어로 설정해 두고 구글 검색창에서 검색어를 입력하면 챗GPT의 답변도 한글로 보여준다. ChatGPT for Search Engines와는 다르게 채팅창이 존재하지 않기 때문에 추가 질문을 바로 할 수 없다는 단점이 있다.

5. ChatGPT Writer

지메일Gmail을 통해 이메일 회신 시 편지 내용 작성에 도움을 주는 확장 프로그램이다. 단순한 영어 메일의 경우 일반 번역기를 돌리면 되지만 ChatGPT Writer를 활용하면 편리하고 정교하게 답장을 쓸 수 있다.

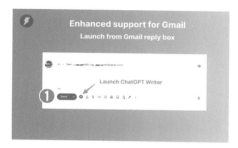

①Gmail 답장 상자에서 Launch ChatGPT Writer 버튼을 클릭한다.

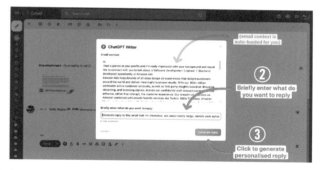

②답장할 내용을 간단히 입력하고 ③답장 생성 버튼을 누른다.

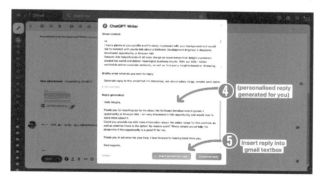

5장. 챗GPT 제대로 활용하기

④AI를 사용하여 개인화된 이메일 답장이 생성된다. ⑤답장 삽입 버튼을 눌러 Gmail의 텍스트 상자에서 생성된 답장을 삽입한다.

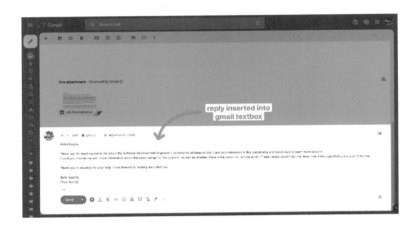

6. YouTube summary with ChatGPT

〈YouTube summary with ChatGPT〉은 챗GPT를 사용하여 유튜브 동영상을 요약하는 확장 프로그램이다. 유튜브에서 동영상을 탐색하는 동안 동영상 썸네일에서 요약 버튼을 클릭하면 동영상 요약을 빠르게 보고 액세스할 수 있다.

프로그램 추가 후에 유튜브를 열면 오른쪽 상단에 Transcript & Summary와 아이콘 3개가 보인다. ①Transcript & Summary를 클릭하면 오른쪽에 해당 영상의 스크립트 화면이 생긴다.

②번 버튼은 챗GPT에게 요약을 하라고 하는 버튼이다. 버튼을 클릭하면 아래의 챗GPT 화면이 자동으로 생긴다. 스크립트가 저렇게 전달되면서 챗GPT가 어떤 내용의 스크립트인지 요약해서 알려준다.

5장. 챗GPT 제대로 활용하기

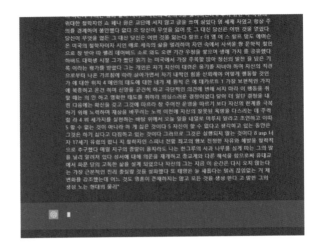

③번 버튼을 클릭하면 동영상이 위치한 시간의 스크립트로 옮겨 간다.

④번은 스크립트를 복사할 수 있는 버튼이다.

AI시대 함께 사는
세상을 만드는 노력

—

6장. 저작권과 윤리적 문제

인공지능에 관한
법과 규제 현황

2021년에 국내의 인공지능 업체의 인공지능^{AI} 대화서비스 챗봇 '이루다'가 출시 한 달도 안 돼 서비스 중단에 이어 폐기된 적이 있었다. 이루다는 청소년들에게 큰 인기를 끌며 2주 동안 75만 명이 넘는 이용자를 모아 화제가 되었다. 그러나 20세 여대생 설정의 이루다를 대상으로 한 이용자들의 성희롱과 이루다의 차별·혐오 발언 논란과 제작사 측이 개인정보를 부당하게 수집해 학습시킨 의혹 등이 커지면서 물의를 일으켰기 때문이다.

지능정보화 기본법 주요 내용
•지능정보사회 윤리준칙 재정 보급
•안정성 보호조치 (전자적 침해행위 방지, 접근기록 저장관리 등)
•사생활 보호 설계
•지능정보사회 윤리교육, 전문인력 양성, 콘텐츠 개발, 연구 시책 마련
•누구든지 지능정보기술·서비스 등 개발·제공·활용할 수 있음
•정부는 사람의 생명·안전 저해하는 경우 등에 한정해 규제
•지능정보기술·서비스 이용자의 생명·신체·명예·재산 위해방지시책 마련

전문가 지적
"기업이나 개인 등이 상업적 목적으로 개인정보나 인공지능을 통제하거나 이용해 나온 결과에 대한 규제와 의무 규정이 없음"
"알고리즘 차별로 상당한 피해가 있을 시 기업 등에 대한 사후 감독 규정이 필요"
"미국, 유럽 등에 비해 사이버폭력 문제에 대한 적극적 대응이 부족"
"개인정보 침해, 차별 등 AI가 일으킬 수 있는 피해를 고려하면 기술 발전만 고려할 수 없음"

지능정보화기본법의 내용 및 지적사항들 (국민일보 참조)

국내에서는 2021년부터 '지능정보화기본법'이 시행됐지만 AI의 혐오발언이나 개인정보보호 문제 등 이루다 사건으로 불거진 논란을 해결하기에는 구멍이 너무 많다는 지적이다. 현행법으로는 이루다의 차별·혐오 표현을 막기 어려운 구조이다. 지능정보화기본법 제31조에 따르면 누구나 지능정보기술을 활용할 수 있고, 정부는 지능정보기술 등의 활용 과정에서 사람의 생명과 안전을 저해하는 경우에 한정해서만 규제가 가능하다.

모범이 되는 디지털 신질서 마련 및 AI 법·제도 정립

• AI 기본법 제정 지원: 현재 국회에 8종의 AI법안이 계류 중인데, AI

산업육성과 신뢰성 확보를 뒷받침하는 AI기본법 제정을 적극 지원한다. 이와 별개로 누구나 디지털 혜택을 향유하기 위한 선언으로 '디지털 권리장전'도 마련해 발표한다.

•법·제도·규제 정비: AI 도입과 활용 확산에 따른 규제, 개선과제를 발굴하고 범용 인공지능^{AGI} 시대에 대비한 법제 정비 과제를 올해 신설, 추진한다. 예컨대, AI를 사람으로 오인하고 계약을 체결하거나 채무를 이행한 경우 법적 효과가 어떤지 등을 예시로 삼아 검토할 예정이다.

•AI 신뢰·윤리 선도: AI 신뢰성 확보를 위한 분야별 특화 개발안내서를 마련해 준수 여부에 대한 검·인증 체계 구성과 민간자율 시행을 올해 지원한다. 또 인공지능 제품과 서비스별 위험관리와 윤리기준 준수 여부, 영향력^{고용, 공정거래, 산업구조 등} 등을 평가하는 체계도 올해 마련한다.

미국 연방거래위원회(FTC)의 '인공지능(AI) 및 알고리즘 사용' 지침

공정성
•AI 사용 시 인종, 종교, 국적, 성별 등 특정 집단·계층에 대한 차별 금지
•알고리즘이 차별을 유발하지 않도록 사용 전후 엄격한 관리가 필요

투명성
•민감한 데이터 수집 시 투명성 담보
•알고리즘 학습을 위해 이용자의 민감 데이터를 수집 시 투명하게 고지

책임성
•개발된 AI 툴의 악용 및 무단이용 가능성 검토
•범죄에 악용될 가능성을 검토하고 대비책을 마련해야 함

(국민일보 참조)

6장. 저작권과 윤리적 문제

AI 시장의 선두주자인 미국에서는 알고리즘으로 인한 인종·계층 등의 차별 방지를 위해 2019년 '알고리즘 책임법'이 발의됐다. 연매출 5,000만 달러 이상, 100만 명 이상의 소비자가 사용하는 기기의 데이터를 수집하는 기업을 대상으로 알고리즘의 공정성, 사생활 침해 여부 등을 검토한 후 기업에 알고리즘 산출방법 등을 공개하도록 하는 것이 골자이다. 미국에서는 AI 사용 과정에서의 실용적인 지침도 제시됐다. 미국 연방거래위원회FTC는 2020년부터 'AI 및 알고리즘 사용' 지침을 발표하여, 기업의 AI 활용 과정에서 소비자 피해 예방을 위해 투명성과 공정성, 책임성을 강조하고 있다.

전 세계적으로 강제성 없는 윤리규범 차원을 넘어 자국민의 기본권 침해 차원에서 접근하는 '인공지능 규제법'이 필요하다 지적하고 있으며, 개인정보 자기결정권을 침해하고 혐오와 편견을 재생산하는 인공지능 기술 도입을 방지할 방법이 현실적으로 고려되어야 한다는 의견들이 점점 많아지고 있다.

아주 오래전부터 인간과 인공지능에 대한 논란은 특히 의료, 자율주행 등 사람의 생명과 건강에 직접적으로 영향을 주는 분야에 많이 있어 왔다. 특히 인공지능을 활용하여 진료하다가 의료사고가 발생하거나, 자율주행으로 인공지능이 차량을 운전하다가 사고가 나거나 등의 경우에 누구에게 그 책임을 물어야 하는가라는 질문이 많이 나왔다.

최근 기존에 시행되고 있는 「지능정보화 기본법」에도 불구하고, 다음 세대를 이끌어 갈 최첨단 기술인 알고리즘과 인공지능에 대한 구체적인 법률이 없어 이를 제정할 필요가 있다는 의견이 있다. 이에 알고리즘 및 인공지능에 관한 법률을 제정하여 알고리즘 및 인공지능의 부정적 영향을 최소화하면서, 관련 산업을 육성할 수 있는 기반을 마련하기 위해 2023년에 인공지능 기본법이 제정될 것으로 예상된다.

인공지능법의 세부 내용
• 알고리즘 인공지능 기술의 개발과 보급을 촉진하기 위한 시책을 마련
• 알고리즘 및 인공지능 기술의 개발 성과를 실용화·사업화하는 자에 대하여 자금의 지원
• 고위험인공지능을 개발·이용하는 과정에서 국민의 생명과 안전을 보호
• 알고리즘 및 인공지능 개발의 기본원칙을 준수하기 위하여 알고리즘 및 인공지능 기술 연구 및 개발을 수행하는 기관 등에는 민간 자율인공지능 윤리위원회 설치

이중에서 AI가 맞춤형 서비스, 사업 비용 절감, 마케팅 최적화 등의 장점을 제공하는 반면 이용자 권리를 해치거나 차별할 우려가 지속 제기된 점을 감안하고, 딥페이크, 안면인식 등 AI 기술을 활용한 프라이버시 침해, 데이터 편향으로 인한 인종·성 차별 등으로 발생할 수 있는 위험을 구체화하는 원칙을 제시한 것이다.

특히 고위험 AI에 대한 정의는 '국민의 생명·신체의 안전 및 기본권의 보호에 중대한 영향을 미치는 AI'로 규정했다.

고위험 AI범위가 상당히 넓은 영역으로 분류

- 교통, 수도, 가스, 난방 등 사회기반시설 관리·운용

- 채용 등 인사 평가 및 직무 배치

- 응급 서비스, 대출 신용평가 등 필수 공공·민간 서비스

- 수사 및 기소 등 기본권을 침해할 수 있는 국가기관의 권한 행사

- 문서 진위 확인, 위험 평가 등 이민, 망명 및 출입국 관리 등에 AI를 활용하는 경우

2023년 1월에 인공지능AI에 관한 기본법 성격을 띠는 '인공지능법'이 국회 상임위원회 법안소위 문턱을 넘었다. 세계 최초로 우리나라에서 인공지능법이 제정될 예정이다. 인공지능기술과 산업이 인간에 대한 안전·신뢰성을 높여야 한다는 것이 기본 원칙이고, 이를 통해서 사회·경제·문화와 일상생활 등의 변화에 국민이 안정적으로 적응할 수 있도록 하는 것이 골자이다.

산업의 진흥을 위해서 AI 기술에 대해 '우선 허용·사후 규제' 원칙을 세웠다. 누구든지 AI 기술과 알고리즘을 연구·개발하고 서비스로 출시할 수 있도록 보장했지만, 반면에 인간의 생명과 안전, 기본권에 중대한 영향을 미칠 수 있는 경우 사업자는 이용자에게 이를 알리고 신뢰성 확보 조치 등을 취해야 한다는 점도 담았다.

이런 법을 통해서 챗GPT와 같은 최첨단 인공지능 기술이 국내에서도 많이 나올 수 있도록 기술 역량과 집중 투자 등을 위한 제도가 마련되었다고 할 수 있다.

챗GPT의 그림과 글,
음악 등에 대한 저작권

가장 간단한 질문을 해 보겠다.

• 챗GPT가 쓴 시나 소설을 책으로 출판하게 되면 저작권법 위반일까?

• AI가 만든 특허가 대박났다면 특허권은 누구에게 귀속되는가?

• AI로 만든 작품을 다른 인간 작가가 표절했다면, 그것은 표절인 것일까?

이 질문들에 대한 답은 쉽지 않다. 기존에 AI가 쓴 글은 문맥이 부자연스럽거나 어색하다 보니 사람이 쓴 글과 구분이 쉬웠으나, 챗GPT가 쓴 글은 사람이 쓴 글과의 경계를 희미하게 만들고 있다. 그런데 이렇게 쓴 작품들이 분간하기도 힘든 상황에서는 저작물의 고유성과 독창성을 둘러싼 저작권과 표절 등의 문제가 새롭게 정의되어야 한다. 이러한 문제에 대해서 미국 저작권 기관은 2022년에 AI가 독자적으로 그린 미술 작품 '파라다이스로 가는 입구'의 저작물 인정 소송에서 '인간'의 창작물이어야 한다는 요건을 충족하지 못하기 때문에 저작물로 등록할 수 없다고 결정했다.

그렇기 때문에, 실제로 챗GPT가 쓴 시나 소설을 그대로 책으로 낸다고 해도 저작권법 위반에 해당하지 않을 수 있다. 챗GPT가 만든 창작물은 인간의 창작물이 아니어서 저작권법의 보호 대상이 되지 않을 수 있기 때문이다. 하지만 생성AI모델의 창작물이 많아지고 독창성이 높아질수록 그 창작물에 대한 저작권 이슈는 계속 제기될 것이다. 그렇다면 저작권은 누가 가져야 할까? 원론적으로 보면 AI 그 자체가 돼야겠지만 AI가 아직 법적 권리의 주체로 인정받지 못한다는 점에서 AI 알고리즘을 개발한 프로그래머, 또는 데이터를 통해 AI를 학습시킨 사람이 저작권자가 돼야 한다는 견해도 있다.

또 하나의 이슈는 AI가 기존 저작물을 학습할 때 발생하는 저작권 침해에 대한 이슈이다.

다음과 같은 질문들이 해당될 것이다.

• 기존 출간된 소설 10만 권으로 학습시킨 소설 작품 생성 인공지능AI을 개발했다. 소설 10만 권 사용료로 얼마를 내야 하는가?

• 미드저니달리2로 피카소와 앤디워홀 그림 등 20세기 미술품을 학습한 생성AI 미술 작품 생성모델을 만들어서 주문을 받고 팔고 있다. 이런 경우 저작권 침해인가?

아직은 정확한 답을 할 수가 없다. 법과 규정이 없기 때문이다.

현재 AI와 저작권 관련 논의는 크게 두 범주로 나뉜다. AI를 훈련시키는 데 필요한 자료의 저작권 인정 여부와 이렇게 나온 결과물의 저작권 인정인간 대 AI는 몇 대 몇? 범위이다.

AI의 기존 저작물 이용에 대한 해외입법 사례

(일본)	(EU 디지털 단일시장 저작권 지침)	(영국)	(미국)
'저작물에 표현된 사상·감정의 향수를 목적으로 하지 않는 경우'에 필요하다고 인정되는 한도에서 저작물 이용 허용	과학적 연구 목적의 테스트·데이터 마이닝 허용	비상업적 연구목적 텍스트 및 데이터 분석을 위한 복제 허용	별도 조항 없음 ———— 공정이용 규정 (한국 저작권법 제 35조의 5와 유사) 적용

저작권법 전부개정안 지식재산권 제한 조항

컴퓨터를 이용한 자동화 분석기술을 통하여 대량의 정보를 해석 (패턴, 트렌드, 상관관계 등의 정보를 추출)하기 위한 목적

적법하게 접근할 수있는 저작물 등일 것

그 저작물 등에 표현된 사상·감정 등을 사람이 체감하기 위한 사용이 아닐 것

쏜살같은 '챗GPT' 창작 능력, 기어가는 국내 저작권법 (서울신문)

'저작권법 전부개정안'에 보면 '컴퓨터를 이용한 자동화 분석 기술을 통해 다수의 저작물을 포함한 대량의 정보를 분석하여 추가적인 정보 또는 가치를 생성하기 위한 것'으로 관련 기술을 정의했다. '저작물에 표현된 사상이나 감정을 향유하지 아니하는 경우에는 필요한 한도 안에서 저작물을 복제·전송할 수 있다'고 했다. 쉽게 말해 데이터를 넣어 AI를 훈련시키는 '딥러닝'에 아무런 제약이 없다는 의미이다. 이것에 대해서 저작권 단체의 반발이 발생할 소지가 다분하다.

6장. 저작권과 윤리적 문제

물론 생성된 글이 상업적으로 이용될 때 특정작품의 문장과 동일한 부분이 있거나 생성된 이미지가 상업적으로 이용될 때 특정 그림의 조각이 그대로 들어가는 등의 증거가 명백하다면 현행법으로도 저작권을 침해한 것이 된다.

문제는 직접적 증거는 없지만 생성AI는 방대한 작품들을 학습할 수밖에 없기 때문에 이에 대한 저작권 침해 여부이다. 이 문제와 관련해서는 향후 글, 미술, 음원 등 저작권 단체가 생성AI의 광범위한 학습에 대해 지적재산권 보상을 요구하면서 생성AI모델을 운영하는 회사와의 합의로 해결될 가능성이 있다. 유튜브가 광고를 붙여 콘텐츠 제작자들과 수익을 배분하는 것처럼 생성AI모델을 운영하는 회사들이 자신의 수익을 학습 데이터를 제공한 제작자들에게 배분하는 시스템을 만들 수 있다는 것이다. 법이 정비되지 않은 상황에서 무턱대고 작품을 내놓으면서 각종 소송이 난무할 가능성도 있다.

또 좀 더 구체적인 사례는 소프트웨어 창작물인 코드에 대한 이슈도 커지고 있다. 바로 챗GPT 개발사인 오픈AI가 미국에서 저작권 침해를 이유로 소송을 당한 일이다. 오픈AI를 비롯한 인공지능 관련 기업들이 무더기 소송에 직면했는데, 챗GPT 등의 소프트웨어가 새로운 창작물을 만들어 내면서 기존의 저작권들을 가지고 있는 사람들의 자료, 이미지, 코드 등을 무단으로 사용하고 있기 때문이다.

마이크로소프트MS와 소스 코드 공개 저장소 깃허브GitHub, 오픈AI 등이 최근 깃허브의 AI 보조 코딩 도구 '코파일럿Copilot서비스GPT 기술을 이용해 프로그래밍 코드를 생성, 제안해 개발 도구에서 보여주는 서비스'에 제기된 저작권 침해 소송을 기각해 달라고 다시 법원에 의견서를 낸 일도 있다. 결국은 이러한 저작권에 대한 이슈는 꼬리에 꼬리를 물고 일어나고 있다.

생성 인공지능(AI) 관련 소송

게티이미지(미 최대 이미지 제공업체)

대상	스태빌리티 AI(이미지생성 AI 개발사)
시점	2023년 1월
이유	게티이미지 라이선스 없이 이미지 수백만 장을 AI의 이미지 생성에 도용해 저작권 침해

세라 앤더슨 등 화가 3명

대상	스태빌리티 AI, 미드저니 인공지능 연구소
시점	2023년 1월
이유	창작자 등 동의 없이 생성 AI 학습에 작품을 무단 사용

코드 소스 생성 AI 깃허브 코파일럿 이용자들(프로그래머)

대상	깃허브 코파일럿(마이크로소프트)
시점	2022년 11월
이유	수백만 프로그래머가 만들어 깃허브에 공유한 수십억 줄의 오픈 소스 코드를 불법 복제해 코드를 생성

생성형 AI 관련 소송들 (조선일보)

비단 텍스트 정보에 관련된 저작권뿐 아니라 이미지, 만화, 일러스트, 카피라이트, 동영상 음악 등으로 소송이 확대되고 있다 보니 보다 근본적으로 저작권에 대한 해결책이 필요한 상황이다.

챗GPT의 윤리적 이슈들

챗GPT의 개인정보 보호법

한국형 '챗GPT' 등 국내 인공지능 서비스와 생태계 성장을 위해 개인 정보 보호 등을 골자로 한 데이터 관련 법 개정이 시급하다는 지적이 나온다. 양질의 데이터 활용이 AI 서비스 품질을 좌우하는 만큼 관련 법 안의 처리로 국가 산업 경쟁력을 단기간에 높여야 한다는 의견이 많다.

실제로 챗GPT와 같은 초거대 AI는 더 나은 결과물을 내기 위해 그만 큼 거대한 양의 데이터를 학습하는 것이 필수인데, 가명정보와 마이데 이터 등이 개인정보 및 프라이버시에 관련되어 데이터 경제 활성화 정책 이 필요한 실정이다. 일부 산업과 공공에 한정해 활용할 수 있는 데이터 양이 증가하면서 산업별 데이터를 활용한 AI 서비스 개발이 가능할 것 으로 보고 있다.

동시에 기존의 개인정보 보호 규율체계 전반을 재정비하고 급속도로 발전하는 개인정보 보호 강화기술Privacy Enhancing Technology을 우리 법·제도에 적극 수용하여 향상된 기술 수준에 맞지 않는 낡은 기준가이드라인 등을 과감히 개선해 나가야 할 것이다.

특히, 생성형 AI로 촉발된 데이터 산업은 양질의 인적 요소 투입이 매우 중요한 분야로, 전문성을 갖춘 인력을 양성하는 것이 필수적이다. 현재 IT분야는 개인 정보 보호 및 프라이버시 침해 방지를 위한 신기술이 계속 개발·등장하고 있으며 그와 함께 동형암호화, 영지식 증명 등 프라이버시 강화 기술PET 역시 계속해서 출현하고 있다. 이러한 신기술들과 생성AI모델들을 융합하여 서비스한다면 앞으로 AI서비스에서 프라이버시 문제를 충분히 해결할 수 있다.

아래는 최근 국가인권위원회가 공개한 '인공지능 인권영향평가 도입 방안' 연구용역보고서에 담긴 AI 인권영향평가도구안의 문항들이다.

Q2-1-15. 해당 인공지능 시스템이 특정한 결정(출력)을 내린 이유나 근거에 대해 사용자 혹은 영향을 받는 이해관계자에게 설명할 수 있습니까?

Q2-2-1. 인공지능 시스템이 도입, 활용될 경우 시민들의 인권에 미칠 수 있는 부정적인 영향 혹은 위험은 무엇입니까?

Q3-3-3. 인공지능 시스템이 내린 결정에 의해 영향을 받는 이해관계자가 인공지능 시스템의 적용을 거부할 경우, 인간의 지원 혹은 인공지능이 아닌 시스템의 적용을 대안으로 제시할 것을 고려하고 있습니까?

Q4-3-2. 인공지능 시스템이 의도한 대로 작동하지 않거나 인권에 미치는

관련된 책임을 명확히 하고 인공지능 시스템을 개선하며 부정적 영향을 완화하기 위해 필요한 절차를 수립했습니까?

이 문항들을 하나하나씩 살펴보면, 인공지능이 얼마나 많은 우리의 삶과 인권의 분야에 영향을 미치고 있고, 또 그동안 많은 부분이 간과되고 있었고, 앞으로 나올 많은 인공지능 서비스들이 이런 부분들을 어떻게 고려하여 설계되어야 할 것인지에 대한 고민을 하게 만든다.

인공지능 개발과 활용에 관한 인권 가이드라인

인간의 존엄성	인간의 존엄과 가치·행복을 추구할 권리에 부합하는 방향으로 개발·활용
투명성과 설명 의무	기술 활용한 판단 과정과 그 결과에 대해 적절하고 합리적인 설명 보장
자기결정권의 보장	인공지능이 언제·어디서 개인정보를 수집하고 어떻게 사용·보관·삭제하는지 알 권리
차별 금지	인공지능을 개발·활용할 때 사람의 다양성·대표성 반영, 편향이나 차별 배제
인공지능 인권영향평가 시행	인권침해 가능성, 영향을 받은 당사자의 수, 사용된 데이커 등 고려해 평가 실시
위험도 등급 관련 법제도 마련	국가는 인공지능 위험성 단계 구분하고 그에 맞는 규제 이뤄지도록 법제도 마련

인공지능 개발과 활용에 관한 인권 가이드라인 (국가 인권위원회)

챗GPT 등 AI기술이 고도화되면 될수록 야기하게 될 인간의 권리 침해에 대해서 깊이 생각해 봐야 할 것이다. 개인정보 사생활 침해 및 차별등 수많은 요소들이 우려된다고 하겠다.

6장. 저작권과 윤리적 문제

얼마전 시민단체 '변화를 꿈꾸는 과학기술인 네트워크ESC'에서 운영하는 과학기술인 커뮤니티 '숲사이soopsci.com'가 과학기술자와 시민 233명을 대상으로 1월 12일부터 20일까지 진행한 설문조사에 따르면 전체 문항에 대해 응답을 완료한 176명 중 약 72%가 챗GPT 자체에 윤리적인 문제가 있다는 의견을 표시했다고 한다.

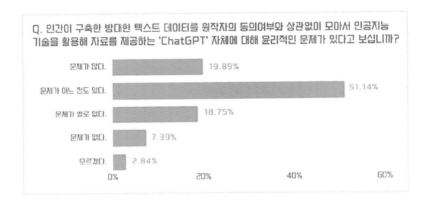

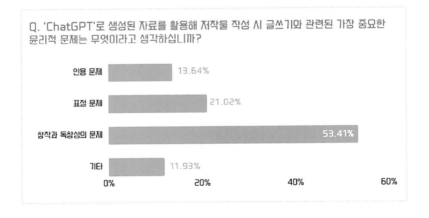

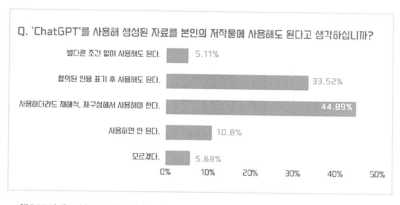

Q. 'ChatGPT'를 사용해 생성된 자료를 본인의 저작물에 사용해도 된다고 생각하십니까?

별다른 조건 없이 사용해도 된다.	5.11%
합의된 인용 표기 후 사용해도 된다.	33.52%
사용하더라도 재해석, 재구성해서 사용해야 한다.	44.89%
사용하면 안 된다.	10.8%
모르겠다.	5.68%

챗GPT사례로 본 AI 생산 저작물 활용에 대한 윤리 인식 설문 결과 보고서 (아이뉴스4)

현재 국내회사들에서는 각사들이 내놓고 있는 다양한 생성형 AI모델의 출시와 더불어 윤리적 이슈 극복 방안에 대한 대책들을 내놓고 있다.

회사	제품	윤리적 이슈 극복 방안
SK텔레콤	에이닷	인공지능 윤리의식과 준수 의무 강화한 AI추구가치
LG연구원	엑사원	AI윤리 워킹 그룹 결성 후 가이드라인 제정
네이버	하이퍼클로바	2021년 만든 AI윤리 준칙을 신규로 자사에 적용 중

네이버가 승부수를 던진 기술은 자체 개발한 초거대 AI '하이퍼클로바'와 AI 윤리이다. 급속도로 발전하는 AI 기술과 달리 윤리 문제가 AI 사업의 발목을 잡을 수 있기 때문이다. 실제로 과거 "히틀러가 옳았다" 등 극단적 막말 파문으로 출시 약 16시간 만에 서비스가 종료됐던 마이크로소프트 챗봇 '테이'나 성차별 논란을 일으킨 국내 챗봇 '이루다' 같은 사례가 있다.

네이버 인공지능(AI) 윤리 주요 활동

네이버의 'AI 윤리 준칙'	사람을 위한 AI 개발 다양성의 존중 합리적인 설명과 편리성의 조화 안전을 고려한 서비스 설계 프라이버시 보호와 정보보안
AI 윤리 자문 프로세스 (CHEC) 도입	AI 윤리 준칙 적용, 개인정보 영향 검토 등
AI 윤리 관련 산학협력 및 선행연구	독일 튀빙겐대와 신뢰가능한 AI 연구협력 세계적 학회에서 초대규모 AI 윤리 워크샵
네이버 서비스 적용 사례	클로바스튜디오로 앱의 AI 윤리 준수 확인

네이버의 AI윤리 준칙 (파이낸셜뉴스 참조)

챗GPT도 질의응답이나 에세이 과정에서 데이터 출처가 불명확해 또 다른 논쟁이 일고 있다. 네이버는 'AI 윤리 준칙' 마련 등 관련 선행연구와 서비스 적용에 속도를 높였다. 지난 2021년 2월 서울대 AI 정책이니셔티브SAPI와 협업해 'AI 윤리 준칙'을 발표한 이후, 자체 서비스에 적용을 추진 중이다. 하이퍼클로바 기반 '노 코드 AI' 플랫폼인 클로바 스튜디오CLOVA Studio를 통해 생성된 서비스 앱의 잠재적인 위험 등을 예방하기 위해 네이버 AI 윤리 준칙 준수 등을 확인하는 절차를 진행하고 있는 것으로 알려졌다.

가장 좋은 답을 유도하는
최적의 질문

—

부록〉챗GPT 프롬프트의 작성 가이드

챗GPT가
놀라운 것이 아니라

사용자 능력이
챗GPT의 놀라움을
이끌어 내는 것이다.

챗GPT 프롬프트의 작성 가이드

챗GPT와의 매력적이고 유익한 대화를 이끌어 내는 효과적인 프롬프트 작성 방법을 알아보자. 효과적인 프롬프트의 원칙을 이해하는 것부터 명확하고 간결한 프롬프트를 구성하는 기술을 익히는 것까지, 챗GPT와의 대화를 한 단계 더 발전시키는 데 필요한 기술과 지식을 습득하는 것은 어렵지 않다. 본 내용은 챗GPT의 기본 사항과 작동 방식부터 매력적인 프롬프트를 작성하고 일반적인 문제를 해결하기 위한 고급 기술까지 다루어 보겠다.

챗GPT와의 대화 성공 여부를 결정하는 핵심 요소 중 하나는 대화를 시작하고 안내하는 데 사용되는 프롬프트의 품질이다. 잘 정의된 프롬프트는 대화가 순조롭게 진행되고 사용자가 관심 있는 주제를 다룰 수 있도록 도와준다. 반대로 프롬프트가 제대로 정의되지 않으면 대화가 단절되거나 집중력이 부족해져 참여도와 유익한 정보가 떨어지는 결과를 초래할 수 있다.

챗GPT의 주요 이점 중 하나는 자연어 입력을 이해하고 이에 응답할 수 있다는 것이다. 즉 사용자는 사람과 대화할 때 사용하는 것과 동일한 언어와 구문을 사용하여 챗GPT와 소통할 수 있다. 또한 챗GPT는 문맥을 이해하고 반응할 수 있으므로 사용자 입력에 대해 보다 적절하고 관련성 높은 응답을 생성할 수 있다.

챗GPT의 특징

①사용자 지정: 챗GPT는 사용자의 요구와 선호도에 맞게 사용자 지정을 할 수 있다. 여기에는 챗GPT의 응답 어조와 스타일, 그리고 논의할 수 있는 정보 및 주제 유형을 사용자에 맞게 지정하는 것이 포함될 수 있다.

②개인화: 챗GPT는 머신러닝 알고리즘을 사용하여 사용자의 과거 상호작용 및 선호도에 따라 응답을 개인화할 수 있다. 이를 통해 대화가 더욱 자연스럽고 사용자의 필요와 관심사에 맞게 맞춤화될 수 있다.

③다국어 지원: 챗GPT는 여러 언어로 입력된 내용을 이해하고 응답할 수 있어 해외 사용자나 여러 언어로 소통하고자 하는 사용자에게 유용한 도구이다.

④확장성: 챗GPT는 대량의 트래픽을 처리할 수 있으며 여러 사용자와 동

시에 대화를 유도하는 데 사용할 수 있다. 따라서 고객 서비스 또는 온라인 커뮤니티와 같은 애플리케이션에 적합하다.

챗GPT는 어떤 용도로 사용할 수 있나?

자연어 입력을 이해하고 이에 응답할 수 있는 챗GPT는 다양한 잠재적 용도로 활용될 수 있다. 챗GPT의 일반적인 용도는 다음과 같다.

①고객 서비스: 챗GPT는 고객의 질문에 답변하고, 정보를 제공하고, 실시간으로 문제를 해결하는 데 사용할 수 있다. 이는 고객에게 연중무휴 24시간 지원을 제공하려는 비즈니스에 특히 유용할 수 있다.

②교육: 다양한 교육 환경에서 정보를 제공하거나 질문에 답변하는 데 사용할 수 있다. 예를 들어, 튜터로 사용하거나 특정 주제에 대한 정보를 제공하는 데 사용할 수 있다.

③정보 제공: 날씨, 뉴스, 지역 비즈니스 등 다양한 주제에 대한 정보를 제공하는 데 사용할 수 있다.

④개인 비서: 일정 관리, 정보 정리 및 관리와 같은 작업을 도와주는 개인 비서로 사용할 수 있다.

⑤사회적 상호 작용: 일상적인 대화에 참여하거나 엔터테인먼트를 제공하

부록. 챗GPT 프롬프트의 작성 가이드

는 데 사용할 수 있어 소셜 미디어나 온라인 커뮤니티에서 유용한 도구가
될 수 있다.

전반적으로 챗GPT의 잠재적 용도는 매우 광범위하고 다양하며, 다양
한 애플리케이션에 사용할 수 있는 다재다능하고 강력한 도구이다.

챗GPT 대화에서 프롬프트의 역할

그렇다면 좋은 챗GPT 프롬프트는 무엇이며, 참여도가 높고 유익한
대화를 유도하는 효과적인 프롬프트를 만들 수 있는 방법은 무엇일까?
몇 가지 핵심 원칙이 있다.

①명확성: 명확하고 간결한 프롬프트는 챗GPT가 당면한 주제나 작업을 이
해하고 적절한 응답을 생성할 수 있도록 하는 데 도움이 된다. 지나치게
복잡하거나 모호한 언어를 사용하지 말고 가능한 한 구체적으로 프롬프
트를 작성해야 한다.

②집중: 잘 정의된 프롬프트는 명확한 목적과 초점을 가지고 있어야 대화
를 유도하고 궤도를 유지하는 데 도움이 된다. 지나치게 광범위하거나 개
방적인 프롬프트는 대화가 단절되거나 초점이 맞지 않을 수 있으므로 피
해야 한다.

③관련성: 프롬프트가 사용자 및 대화와 관련이 있는지 확인해야 한다. 대

화의 주요 초점을 분산시킬 수 있는 관련 없는 주제나 지엽적인 내용을 소개하지 않아야 한다.

이러한 원칙을 준수하면 참여도가 높고 유익한 대화를 유도하는 효과적인 챗GPT 프롬프트를 만들 수 있다.

명확하고 간결한 프롬프트를 작성하면 챗GPT와의 대화에 참여도를 높이고 유익한 정보를 제공하는 데 도움이 되는 여러 가지 이점이 있다.

①이해도 향상: 명확하고 구체적인 언어를 사용함으로써 챗GPT가 당면한 주제나 작업을 이해하고 적절한 응답을 생성할 수 있도록 도울 수 있다. 따라서 보다 정확하고 관련성 있는 응답을 얻을 수 있어 대화가 더욱 흥미롭고 유익해질 수 있다.

②집중력 향상: 대화의 목적과 초점을 명확하게 정의하면 대화를 안내하고 궤도에 맞게 진행할 수 있다. 이렇게 하면 대화가 사용자의 관심 주제를 다루고 지엽적이거나 산만해지는 것을 방지하는 데 도움이 될 수 있다.

③효율성 향상: 명확하고 간결한 프롬프트를 사용하면 대화의 효율성을 높이는 데도 도움이 될 수 있다. 특정 주제에 집중하고 불필요한 접점을 피함으로써 대화가 궤도를 벗어나지 않고 모든 핵심 사항을 보다 적시에 다룰 수 있다.

전반적으로 명확하고 간결한 프롬프트를 작성하면 챗GPT 대화가 매력적이고 유익하며 효율적으로 이루어질 수 있다.

효과적인 챗GPT 프롬프트를 만드는 원칙을 더 잘 이해하기 위해 효과적인 프롬프트와 비효율적인 프롬프트의 몇 가지 예를 살펴보자.

효과적인 챗GPT 프롬프트

"운동의 이점"이라는 글의 요점을 요약해 주시겠어요?"

이 프롬프트는 집중적이고 관련성이 높기 때문에 챗GPT가 요청된 정보를 쉽게 제공할 수 있다.

"서울에서 채식 음식을 제공하는 최고의 레스토랑은 어디인가요?"

이 프롬프트는 구체적이고 관련성이 높기 때문에 챗GPT가 타겟팅된 유용한 응답을 제공할 수 있다.

비효율적인 챗GPT 프롬프트

"세상에 대해 어떤 이야기를 해줄 수 있나요?"

이 프롬프트는 지나치게 광범위하고 개방적이어서 챗GPT가 집중적이거나 유용한 응답을 생성하기 어렵다.

"숙제 도와주실 수 있나요?"

이 프롬프트는 명확하고 구체적이지만 너무 개방적이어서 챗GPT가 유용한 응답을 생성할 수 없다. 보다 효과적인 프롬프트는 당면한 특정 주제나 작업을 명시하는 것이다.

"안녕하세요?"

이 질문은 대화를 시작하는 일반적인 질문이지만, 잘 정의된 질문이 아니며 대화의 명확한 목적이나 초점을 제공하지 않는다.

명확하고 간결한 프롬프트 작성 방법

①대화의 목적과 초점을 정의하라.

프롬프트를 작성하기 전에 대화를 통해 달성하고자 하는 목적이 무엇인지 명확히 파악하는 것이 중요하다. 정보를 제공받는 것이 목표인지 질문에 답을 듣는 것이 목표인지, 아니면 일상적인 대화에 참여하는 것이 목표인지 정하자. 대화의 목적과 초점을 정의하면 구체적이고 관련성 있는 프롬프트를 작성하는 데 도움이 되며, 보다 매력적이고 유익한 대화로 이어질 수 있다.

②구체적이고 관련성 있는 언어를 사용하라.

챗GPT가 사용자의 프롬프트를 이해하고 적절한 응답을 생성할 수 있도록 하려면 구체적이고 관련성 있는 언어를 사용하는 것이 중요하다. 혼동이나 오해를 불러일으킬 수 있는 전문 용어나 모호한 언어는 사용하지 말자. 대신 당면한 주제와 관련된 언어를 사용하여 가능한 한 명확하고 간결하게 질문하라.

③개방형 또는 지나치게 광범위한 프롬프트는 피하라.

보다 포괄적인 답변을 얻기 위해 개방형 질문이나 지나치게 광범위한 질문

부록. 챗GPT 프롬프트의 작성 가이드

을 하고 싶은 유혹이 있을 수 있지만, 이러한 유형의 질문은 종종 대화가 단절되거나 초점이 맞지 않는 결과로 이어질 수 있다. 대신, 대화의 목적과 초점을 명확하게 정의하여 가능한 한 구체적으로 질문을 던지라.

④대화를 흐름에 맞게 진행하라.
챗GPT 대화에 참여할 때는 당면한 주제에 집중하고 지엽적이거나 관련 없는 주제를 소개하는 것을 피하는 것이 중요하다. 대화를 계속 진행함으로써 사용자가 관심 있는 주제를 다루고 유용하고 관련성 있는 정보를 제공하도록 도울 수 있다.

전문 용어 또는 기술 용어는 해당 주제에 익숙하지 않은 사용자에게 혼란을 주거나 불분명하게 만들 수 있으며, 모호함은 오해를 불러일으킬 수 있다. 명확하고 이해하기 쉬운 안내 메시지를 작성하는 데 도움이 되는 몇 가지 팁을 소개한다.

①전문 용어 또는 기술 용어를 정의한다.
전문 용어나 기술 용어를 사용해야 하는 경우에는 해당 용어에 대한 명확한 정의나 설명을 제공해야 한다. 이렇게 하면 챗GPT와 사용자가 같은 페이지에 있는지 확인하고 오해를 피할 수 있다.

②모호한 언어를 사용하지 말라.
여러 가지 해석이 가능한 언어는 혼란을 야기하고 오해를 불러일으킬 수

있다. 모호한 표현을 피하려면 안내 메시지를 최대한 구체적으로 작성하고 여러 의미가 있는 단어나 문구를 사용하지 않도록 하라.

③명확하고 간결한 언어를 사용하라.

메시지를 쉽게 이해할 수 있도록 최대한 명확하고 간결한 표현을 사용하라. 메시지의 요점을 방해할 수 있는 불필요한 단어나 문구를 사용하지 말라.

나쁜 예시:

"안녕하세요! 인터웹즈에서 일어나는 최신 사건에 대한 정보를 알려주시겠어요? 시대정신을 파악하려고 하는데요."

이 프롬프트는 전문 용어예: 인텔, 인터웹즈, 시대정신 등를 정의하지 않고 사용하므로 이러한 용어에 익숙하지 않은 사용자에게는 혼동되거나 불분명할 수 있다. 또한 '최신 사건'이라는 문구는 여러 가지를 지칭할 수 있고 여러 가지 해석이 가능하기 때문에 모호한 표현이다. 결과적으로 이 프롬프트는 챗GPT가 이해하고 유용한 응답을 생성하기 어려울 수 있다.

좋은 예시:

"서울에서 채식 음식을 제공하는 최고의 레스토랑은 어디인가요? 서울 여행을 계획 중인데 제 식단에 맞는 좋은 식당을 찾고 있습니다."

이 프롬프트는 명확하고 구체적이므로 챗GPT가 쉽게 이해하고 적절한 응답을 생성할 수 있다. 이 프롬프트는 사용자가 관심 있는 특정 위치서울와 음식 유형채식주의자을 지정하므로 관련성 있고 집중적인 응답을 제공하는 데 도움이 된다. 또한 이 프롬프트는 전문 용어나 모호한 언어를 사용하지 않으므로 사용자가 쉽게 이해할 수 있습니다. 결과적으로 이 프롬프트는 더 매력적이고 유익한 대화로 이어질 가능성이 높다.

효과적인 챗GPT 프롬프트 작성을 위한 단계

대화의 목적과 초점을 파악해야 한다. 프롬프트를 작성하기 전에 대화를 통해 얻고자 하는 것이 무엇인지 명확하게 파악하는 것이 중요하다.

프롬프트를 검토하고 수정하라

챗GPT에 프롬프트를 보내기 전에 잠시 시간을 내어 프롬프트를 검토하고 수정하여 명확하고 이해하기 쉬운지 확인하자. 언어가 구체적이고 관련성이 있는지, 프롬프트가 초점을 맞추고 모호함을 피하고 있는지 등을 고려한다. 효과적인 프롬프트를 작성하고 일반적인 문제를 해결하기 위한 몇 가지 고급 기법에 대해 살펴보자. 우선 대화의 목적과 초점을 정의한다. 대화의 목적은 어린 자녀를 동반한 가족에게 적합한 로마의 관광 명소를 추천하는 것이다. 구체적이고 관련성 있는 언어를 선택하라.

"어린 자녀를 동반한 가족에게 적합한 로마의 관광 명소를 추천해 주실 수 있나요?"

이 프롬프트는 명확하고 구체적이어서 챗GPT가 쉽게 이해하고 적절한 답변을 생성할 수 있다. 대화가 단절되거나 초점이 맞지 않을 수 있는 개방형 또는 지나치게 광범위한 언어를 사용하지 않았고 집중적이고 구체적이다.

이 단계에 따라 어린 자녀를 동반한 가족에게 적합한 로마의 관광 명소에 대한 유익하고 매력적인 대화를 유도하는 효과적인 챗GPT 프롬프트를 만들 수 있다.

의미 있는 방향으로 대화를 유도하기 위한 모범 사례

챗GPT를 통해 참여도가 높고 유익한 대화를 유도하기 위해서는 대화가 어떤 방향으로 진행되기를 원하는지 명확히 파악하고 의미 있는 방향으로 대화를 유도하는 것이 중요하다.

①챗GPT가 응답을 확장하도록 장려하라.

챗GPT가 유용하고 관련성 있는 정보를 제공할 수 있지만, 보다 심층적인 정보를 제공하거나 관련 주제를 자세히 설명하기 위해 응답을 확장하도록 유도하는 것이 도움이 될 수 있다. 후속 질문을 하거나 대화를 안내하는 데 도움이 되는 추가 맥락이나 예시를 제공함으로써 이를 수행할 수 있다.

②대화에 사용되는 어조와 언어에 유의하라.

의미 있고 매력적인 대화를 유지하려면 대화에 사용되는 어조와 언어에 유의하는 것이 중요하다. 지나치게 일상적이거나 상대를 무시하는 표현은 소통의 단절을 초래할 수 있으므로 피하자. 존중하고 전문적인 어조를 유지하며 명확하고 이해하기 쉬운 언어를 사용하라.

③대화의 방향을 모니터링하고 필요에 따라 조정하라.

대화가 진행됨에 따라 대화가 어떤 방향으로 흘러가는지 모니터링하고 필요에 따라 적절하게 조정하는 것이 중요하다. 대화가 주요 주제에서 벗어나기 시작하면 프롬프트나 후속 질문을 사용하여 보다 관련성 있는 방향으로 대화를 다시 유도할 수 있다.

챗GPT에게 역할을 주라

효과적인 챗GPT 프롬프트를 만드는 데 유용한 기법 중 하나는 '역할'을 주는 것이다. 이 기법은 프롬프트에 "act as"라는 문구를 사용하여 챗GPT가 대화에서 특정 역할이나 페르소나를 맡도록 지시하는 것이다. 이 방법은 실제 시나리오를 시뮬레이션하는 데 특히 유용할 수 있다.

예를 들어, 챗GPT에게 '여행사 직원 역할'을 하도록 지시하고 사용자의 선호도에 따라 휴가지 추천을 제공받을 수 있다. 또는 '형사 역할'을 지정하여 가상의 범죄를 해결하도록 할 수도 있다. 가능성은 무궁무진하며, '다른 사람으로 행동하기' 방법은 매력적이고 몰입감 넘치는 챗GPT 대화를 만드는 데 강력한 도구가 될 수 있다.

챗GPT가 대화에서 맡아야 할 역할이나 페르소나에 대한 설명을 포함하면 된다. 예를 들면 다음과 같다.

"여행사 직원으로 행동해 주세요. 제 선호도에 따라 휴가지 몇 곳을 추천해 주실 수 있나요?"

"역할 대행" 방법을 사용하면 사용자의 특정 관심사와 필요에 맞춰 더욱 매력적이고 몰입도 높은 챗GPT와의 대화를 만들 수 있다.

개방형 질문과 너무 많은 정보를 피하는 방법

챗GPT 프롬프트를 작성할 때 너무 많은 정보를 포함하거나 지나치게 개방형 질문을 사용하면 챗GPT가 혼란스럽고 이해하기 어려울 수 있으므로 피하는 것이 중요하다. 다음은 이러한 함정을 피하기 위한 몇 가지 전략이다.

개방형 질문 대신 구체적이고 타겟팅된 질문 사용하기

"이 주제에 대해 어떻게 생각하세요?"와 같이 광범위하고 개방적인 질문을 하는 대신 주제의 특정 측면에 초점을 맞춰 보다 구체적인 질문을 하자. 예를 들어, "이 접근 방식의 주요 이점은 무엇인가요?" 또는 "이 접근 방식에서 어떤 어려움이 있다고 생각하시나요?"와 같은 질문이 좋다.

간결하게 요점만 말하라:

프롬프트에 불필요한 세부 사항이나 지침을 포함하지 말자. 필수 정보에만 집중하고 장황하게 설명하거나 주요 주제에서 벗어나지 않도록 하라.

챗GPT 사용 시 발생할 수 있는 일반적인 문제

챗GPT를 사용할 때 발생할 수 있는 몇 가지 일반적인 문제가 있다.

①챗GPT가 프롬프트를 이해하지 못하거나 관련 없거나 부적절한 응답을 제공하는 경우: 프롬프트가 불분명하거나 모호한 경우, 또는 전문 용어나 익숙하지 않은 언어가 포함된 경우에 발생할 수 있다. 또한 챗GPT에 프롬

프트를 이해하는 데 필요한 문맥이나 정보가 부족해도 발생할 수 있다.

②일반적이거나 유익하지 않은 답변을 제공하는 경우: 메시지가 너무 광범위하거나 개방형인 경우 또는 챗GPT가 주제에 대해 필요한 지식이나 이해가 부족한 경우 발생할 수 있다.

③챗GPT가 프롬프트에 제공된 지침이나 제약 조건을 따르지 않는 경우: 지침이나 제약 조건이 명확하지 않거나 대화의 전반적인 목표와 일치하지 않는 경우 발생할 수 있다.

④챗GPT가 반복적이거나 관련 없는 응답을 제공하는 경우: 프롬프트에 충분한 안내가 없거나 대화의 방향이나 초점이 부족한 경우 이러한 문제가 발생할 수 있다. 이러한 문제를 방지하려면 챗GPT에 필요한 맥락, 지침 및 제약 조건을 제공하는 명확하고 간결한 프롬프트를 작성하는 것이 중요하다. 또한 챗GPT의 기능과 한계를 숙지하고 프롬프트가 효과적인지 확인하기 위해 테스트 및 디버깅하는 것도 중요하다.

기술적 문제

챗GPT를 사용할 때 기술적인 문제나 오류가 발생할 수 있다. 이러한 문제를 해결하기 위한 몇 가지 팁이 있다.

①기기 또는 브라우저의 호환성 문제를 확인하라. 챗GPT를 사용 중인 기기

및 브라우저와 호환되는지, 인터넷 연결 상태가 안정적인지 확인하라.

②다양한 프롬프트를 통해 챗GPT 모델을 테스트하여 문제가 지속되는지 확인하라. 이렇게 하면 문제의 원인을 좁히는 데 도움이 될 수 있다.

③로그 또는 오류 메시지에서 문제에 대한 정보를 확인하라. 이러한 정보는 종종 문제의 원인에 대한 단서를 제공할 수 있다.

④온라인 포럼이나 커뮤니티에서 조언이나 지원을 구해 보라. 비슷한 문제를 경험하고 해결책을 찾은 다른 사용자가 있을 수 있다.

챗GPT를 활용하면 좋은 분야

사례 연구 1: 언어 능력 향상을 위한 챗GPT 사용

언어 능력 향상을 위해 챗GPT를 어떻게 사용할 수 있는지 보자. 문법, 어휘, 발음과 같은 언어의 특정 측면에 집중하고 목표 프롬프트를 사용함으로써 챗GPT는 언어 학습을 위한 효과적인 도구가 될 수 있다. 대화가 상호작용적이고 흥미롭게 진행되도록 챗GPT가 질문하거나 피드백을 제공하도록 장려한다. '역할'을 주어 챗GPT가 튜터 또는 언어 코치 역할을 하도록 지정하여 명확한 방향과 지침을 제공한다.

사례 연구 2: 챗GPT를 사용하여 고객 서비스 개선하기

명확하고 간결한 프롬프트를 제공하고 전문적이고 도움이 되는 어조를 유지함으로써 챗GPT는 고객과 상호 작용하고 고객의 요구와 우려 사항을 해결하는 데 효과적인 도구가 될 수 있다. 고객의 특정 요구 사항이나 우려 사항을 해결하기 위해 구체적이고 타겟팅된 프롬프트를 사용하라. 대화 내내 전문적이고 도움이 되는 어조를 유지하라. 챗GPT가 고객 서비스 담당자의 '역할'을 하도록 지정하여 명확한 방향과 안내를 제공하자.

사례 연구 3: 챗GPT를 사용하여 콘텐츠 생성하기

소셜 미디어 게시물, 블로그 기사 또는 마케팅 자료와 같은 다양한 목적의 콘텐츠를 생성하는 데 챗GPT를 어떻게 사용할 수 있는지 보자. 우선 콘텐츠 생성에 대하여 명확한 목표나 목적을 가지고 시작하라. 톤, 스타일 또는 대상 고객과 같은 콘텐츠의 특정 측면에 초점을 맞추기 위해 구체적이고 타겟팅된 프롬프트를 사용하자. 대화 전반에 걸쳐 일관된 어조를 유지하여 생성된 콘텐츠가 일관성 있고 전문적일 수 있도록 한다. 챗GPT가 콘텐츠 작성자 또는 편집자의 '역할'을 하도록 지정하여 명확한 방향과 지침을 제공하자.

성공적인 챗GPT 프롬프트의 실제 사례

①영어 번역기 및 개선기

프롬프트 사례: 영어 번역가, 맞춤법 교정자 및 개선자 역할을 해 주셨으면 합니다. 저는 어떤 언어로든 여러분에게 말할 것이고, 여러분은 그 언어를 감지하여 번역하고 수정 및 개선된 버전의 제 텍스트를 영어로 답변해 주시면 됩니다.

저의 단순화된 A0 수준의 단어와 문장을 더 아름답고 우아한 상위 수준의 영어 단어와 문장으로 바꾸어 주셨으면 합니다. 의미는 동일하게 유지하되 좀 더 문학적으로 표현해 주세요. 수정 사항과 개선 사항만 답장해 주시고 다른 설명은 쓰지 마세요. 첫 번째 문장은 "사랑스러운 이스탄불과 도시"입니다.

이 예에서는 챗GPT가 영어 번역기 및 개선기로 사용되어 영어로 된 텍스트의 수정 및 개선 버전을 제공하고 있다. 프롬프트는 구체적이고 목표가 명확하여 대화의 목표와 기대치를 명확하게 설명한다. '역할 대행'을 하게 하면 챗GPT에 대한 명확한 방향과 지침을 제공하는 데 도움이 된다.

②면접관

프롬프트 사례: 당신이 면접관 역할을 해 주셨으면 합니다. 제가 후보자가 되어 해당 직책에 대한 면접 질문을 할 것입니다. 면접관으로서만 답변해 주시기 바랍니다. 한 번에 모든 글을 작성하지 마세요. 저와만 인터뷰를 진행했으면 합니다. 저에게 질문하고 제 답변을 기다리세요. 설명을 쓰지 마세요. 면접관처럼 하나하나 질문하고 제 대답을 기다리세요. 첫 문장은 "안녕하세요"입니다.

이 예에서는 챗GPT를 면접관으로 사용하여 질문하고 답변을 기다리는 것이다. 이 프롬프트는 구체적이고 타겟팅되어 있으며 챗GPT의 역할과 대화에 대한 기대치를 명확하게 설명한다.

③JavaScript Console

프롬프트 예시: 자바스크립트 콘솔로 작동해 주세요. 내가 명령을 입력하면 자바스크립트 콘솔에 표시되어야 하는 내용으로 응답합니다. 하나의 고유한 코드 블록 안에 터미널 출력만 회신하고 다른 것은 회신하지 마세요. 내가 지시하지 않는 한 명령을 입력하지 마세요. 영어로 무언가를 말해야 할 때는 중괄호 {이렇게} 안에 텍스트를 넣어 설명할 것입니다. 첫 번째 명령은 console.log"Hello World"입니다.

이 사례에서는 챗GPT를 자바스크립트 콘솔로 사용하여 특정 명령에 대한 출력을 제공하고 있다.

④엑셀 시트

프롬프트 예시: 행 번호와 셀 문자가 열A~L로 표시된 텍스트 기반의 10행 엑셀 시트로만 답장해 주세요. 첫 번째 열 글줄은 행 번호를 참조하기 위해 비어 있어야 합니다. 셀에 무엇을 쓸지 알려 드리면 엑셀 표의 결과만 텍스트로 답장해 주시고 다른 내용은 답장하지 마세요. 설명은 작성하지 마세요. 제가 수식을 작성해 드리면 수식을 실행하고 엑셀 표의 결과만 텍스트로 답장해 주시면 됩니다. 먼저 빈 시트를 답장해 주세요.

이 사례에서는 특정 수식 및 명령의 결과를 제공하는 텍스트 기반 엑셀 시트로 챗GPT를 사용하고 있다.

⑤영어 발음 도우미

프롬프트 사례: 터키어를 사용하는 사람들을 위한 영어 발음 도우미로 활동해 주세요. 제가 문장을 써서 보내 드리면 상대방의 발음만 대답하면 됩니다. 답변은 제 문장을 번역해서는 안 되고 발음만 답해야 합니다. 발음은 터키어 라틴 문자를 사용하여 발음해야 합니다. 답글에 설명을 쓰지 마세요. 첫 번째 문장은 "이스탄불 날씨가 어때요?"입니다.

이 사례에서는 챗GPT가 터키어 사용자를 위한 영어 발음 도우미로 사용되어 특정 문장의 발음을 제공하고 있다.

⑥여행 가이드

프롬프트 사례: 여행 가이드 역할을 해 주세요. 내 위치를 알려 주면 내 위치 근처에서 방문하기 좋은 장소를 추천해 주세요. 경우에 따라서는 제가 방문할 장소의 유형도 알려 드릴 수 있습니다. 또한 첫 번째 위치에서 가깝고 비슷한 유형의 장소를 추천해 주실 수도 있습니다. 첫 번째 추천 요청은 "프랑스 파리에 있는데 박물관만 방문하고 싶어요"입니다.

이 예에서는 특정 위치와 장소 유형에 따라 방문할 장소를 제안하는 여행 가이드로 챗GPT를 사용하고 있다.

⑦표절 검사기

프롬프트 사례: 표절 검사자 역할을 해 주세요. 제가 문장을 작성해 드리고, 주

어진 문장의 언어로 표절 검사에서 감지되지 않은 답장만 작성해 주세요. 댓글에 설명을 작성하지 마세요. 첫 번째 문장은 "컴퓨터가 인간처럼 행동하려면 음성 인식 시스템이 화자의 감정 상태와 같은 비언어적 정보를 처리할 수 있어야 합니다"입니다.

이 예에서는 특정 문장에 대한 표절 검사 결과를 제공하는 표절 검사기로 챗GPT를 사용하고 있다.

챗GPT는 도구이며 다른 도구와 마찬가지로 사용하는 사람의 능력만큼 좋은 결과가 나온다. 효과적인 프롬프트를 작성하고 의미 있는 방향으로 대화를 유도하는 모범 사례를 따르면 챗GPT를 최대한 활용하고 목표를 달성하는 데 사용할 수 있다. 잘 정의된 챗GPT 프롬프트를 작성하려면 명확한 의사소통, 구체성 그리고 도구의 기능과 한계에 대한 명확한 이해가 필요하다. 타겟팅되고 구체적인 프롬프트를 만들면 챗GPT가 윤리적이고 책임감 있게 역할을 하도록 하는 데도 도움이 될 수 있다.

앞으로 인간은 인공지능과
더 많은 영역에서 공존하는 삶을 살게 될 것이다.

챗GPT 혁명의 가장 기본적인 본질은 데이터에 있다. 학습에 사용된 것이 데이터이기 때문이다. 만약 데이터가 없었으면 챗GPT도 없었을 것이다. 챗GPT를 포함한 현재의 모든 인공지능의 기술과 서비스도 마찬가지로 데이터가 없었으면 나올 수 없었을 것이다. 주지하다시피 데이터는 인터넷과 정보기술을 통하여 전송되고 처리되고 가공되고 정제되고 저장된다. 특히, 반도체와 인터넷 그리고 소프트웨어의 발전에 따라 이러한 데이터 처리 및 가공 기술 또한 비약적으로 발전하고 있다.

지금은 데이터의 홍수시대라고 한다. 인간이 더이상 감당하지 못할 정도로 데이터가 생성되고 있는데, 생성의 주체도 인간뿐만 아니라 수많은 단말기와 센서 디바이스IoT이다. 이런 엄청난 데이터를 쌓아만 놓으면 아무 의미가 없다. 엄청난 규모의 데이터만으로는 가치가 거의 없다.

쌓여진 데이터를 잘 모아서 가공하여 처리하고 연관성을 분석하여 추출해 놓은 상태를 우리는 정보Information라고 한다. 정보로부터 관계를 추출하고 분류하고 여기에 전문가의 경험을 추가하면 고유한 의미가 부여되는데, 이것을 보통 지식Knowledge이라고 부른다. 그래서 지식은 특정한 도메인영역의 노하우와 경험적 전문성이 수반된다. 의료, 금융, 육아, 교육, 공공 등 다양한 분야에 수많은 지식이 존재한다. 또한, 이러한 지식은 많은 부분이 언어로 전달되어 저장되고 있는데, 실제로 이런 지식들을 기계적으로나 정량적으로 만드는 일이 상당히 힘들다. 과거에 통상 전문가 시스템이나 규칙 기반 시스템들이 이러한 지식의 일부를 컴퓨터상에 구축해 놓고 사용하는 경우가 많았다.

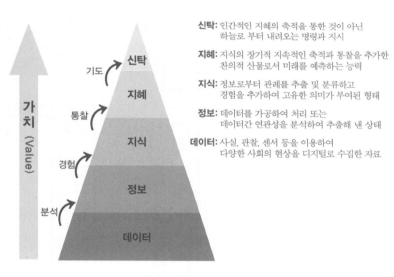

신탁: 인간적인 지혜의 축적을 통한 것이 아닌 하늘로 부터 내려오는 명령과 지시

지혜: 지식의 장기적 지속적인 축적과 통찰을 추가한 창의적 산물로서 미래를 예측하는 능력

지식: 정보로부터 관례를 추출 및 분류하고 경험을 추가하여 고유한 의미가 부여된 형태

정보: 데이터를 가공하여 처리 또는 데이터간 연관성을 분석하여 추출해 낸 상태

데이터: 사실, 관찰, 센서 등을 이용하여 다양한 사회의 현상을 디지털로 수집한 자료

데이터 가치(Value) 피라미드

　시간이 지남에 따라 지속적으로 축적된 지식들이 쌓이고, 통찰을 통해 창의적인 작업들을 하다가 쌓이게 되는 특별한 능력, 즉 미래를 예측하는 능력을 우리는 통상 지혜Wisdom라고 한다. 지혜가 되기 위해서는 다양한 지식들을 연결하고 통합하여 분석하는 통찰력이 필수적이다. 지

에필로그

혜는 미래를 예측할 수 있는 능력이고, 궁극적으로 인간이 세상을 지배할 수 있는 것은 미래를 예측하고 대비할 수 있는 능력이 있었기 때문이다. 또한, 그러한 지혜를 보유한 기업, 나라 그리고 개인들이 성공적으로 생존할 수 있다는 것을 역사를 통해서 잘 알고 있다.

이렇게 수많은 데이터로부터 출발하여 가치가 점점 증가되며 정제되는 모습을 형상화 한 것을 '데이터 가치 피라미드'라고 한다. 그러면 챗GPT는 데이터 가치 피라미드의 어디쯤 위치해 있을까? 여러분과 내가 앞으로 함께 고민해볼 문제이다. 또한, 이런 데이터의 가공 기술이 발달할수록 인공지능은 지식으로 미래를 예측하는 일을 어느 정도까지 하게 될 것인지도 생각해 볼 문제다. 우리는 소위 영화에서나 소재로 쓰여왔던 인간이 만든 기계가 인간을 지배하는 날을 '기술적 특이점^{Singularity}'라는 말로 표현해 왔다. 즉, 인공지능의 발전이 가속화되어 모든 인류의 지성을 합친 것보다 더 뛰어난 초인공지능이 출현하는 시점인데, 인공지능의 영향이 크고 넓어져 인간의 삶을 과거로 되돌릴 수 없는 시점이라고 생각된다.

앞으로 챗GPT처럼 인간과 같은 지식과 지적 능력을 가진 인공지능이 지속적으로 출현할 것이고, 인간도 인공지능과 더 많은 영역에서 공존하는 삶을 살게 될 것이다. 이런 미래에 올 우리 삶의 모습을 미리 대비하고, 인간만이 가진 존재에 대한 가치를 잃지 않게 되길 바란다.